宋本 廣韻全譯

坂井健一 編

第 3 分冊
（遇攝）

汲古書院

目　次

凡　例

本　文

　　遇　攝

　　　　魚　韻　　　　　　　　　　　1

　　　　語　韻　　　　　　　　　　26

　　　　御　韻　　　　　　　　　　44

　　　　虞　韻　　　　　　　　　　57

　　　　麌　韻　　　　　　　　　101

　　　　遇　韻　　　　　　　　　120

　　　　模　韻　　　　　　　　　136

　　　　姥　韻　　　　　　　　　167

　　　　暮　韻　　　　　　　　　183

あとがき

凡　例

※　本書訳出にあたって使用した『広韻』は「澤存堂藏板・張氏重刊・宋本廣韻」を
　　底本とした校勘本、周祖謨著『廣韻校本』（中国科学院 語言研究所専刊之三・商務印書館出版）を用いた。

※本書の訳出文の体裁は下記のとうりである。

①　　②　③　④　⑤　⑥　　⑦⑧　⑨⑩
⇩　　⇩　⇩　⇩　⇩　⇩　　⇩⇩　⇩⇩
東　　dung¹　tung¹　德紅切　A101-0101
　　　　　　⑪
　　　　　　⇩
　　　　①春の方位。『説文』に「動なり。日が木中に懸かっている形‥
　　　　⑫
　　　　⇩
　　　　○東風菜

①『広韻』本文字。被訳出文字。
②普通話音（現代音）
③普通話音声調　1陰平　2陽平　3上声　4去声
④中古音（再建音）
⑤中古音声調　1平声　2上声　3去声　4入声
⑥当該字『広韻』反切
⑦当該字「東」所属索引用番号
　A1　上平声　AⅡ　下平声　B 上声　C 去声　D 入声
⑧01　当該字所属韻目番号
⑨-01　小韻番号
⑩01　小韻内当該字番号
⑪訳文
⑫連語

※　本書中の再建中古音の擬音には声母・韻母・声調について次の表に依った。

声　母

見	k-	知	ṭ-	牀₃	dẓ-	端	t-	幫(非)	p-
溪	k'-	徹	ṭ'-	審₂	ṣ-	透	t'-	滂(敷)	p'-
群	g-	澄	ḍ-	審₃	ś-	定	d-	並(奉)	b-
疑	ng-	照₂	tṣ-	禪	ź-	精	ts-	明(微)	m-
影	φ-	照₃	tś-	日	ñz-	清	ts'-		
喩₄	j-	穿₂	tṣ'-	泥(娘)	n-	從	dz-		
曉	x-	穿₃	tś'-	來	l-	心	s-		
匣(喩₃)	γ-	牀₂	dẓ-			邪	z-		

韻 類

東 董 送 屋	東$_{O1}$ -ung	佳 蟹 卦	佳$_{O2}$ -ai			先 銑 霰 屑	先$_{O4}$ -ien
	東$_{O3}$ -ĭung		佳$_{C2}$ -wai				先$_{C4}$ -iwen
冬 ○ 宋 沃	冬$_{O1}$ -uong	皆 駭 怪	皆$_{O2}$ -ɐi			仙 獮 線 薛	仙$_{O3}$j-ĭɛn
鍾 腫 用 燭	鍾$_{C3}$ -ĭwong		皆$_{C2}$ -wɐi				仙$_{C3}$j-ĭwɛn
江 講 絳 覺	江$_{O2}$ -ɔng	夬	夬$_{O2}$ -æi				仙$_{O3}$ -ĭɛn
支 紙 寘	支$_{O3}$j -ie		夬$_{C2}$ -wæi				仙$_{C3}$ -ĭwɛn
	支$_{C3}$j -ĭwe	灰 賄 隊	灰$_{C1}$ -upi			蕭 篠 嘯	蕭$_{O4}$ -ieu
	支$_{O3}$ -ĭe	咍 海 代	咍$_{O1}$ -pi			宵 小 笑	宵$_{O3}$j -ĭɛu
	支$_{C3}$ -ĭwe	廢	廢$_{O3}$ iɐi				宵$_{O3}$ -ĭɛu
脂 旨 至	脂$_{O3}$j -i		廢$_{C3}$ iɐwi			肴 巧 效	肴$_{O2}$ -au
	脂$_{C3}$j -wi	真 軫 震 質	真$_{O3}$j -ĭen			豪 皓 號	豪$_{O1}$ -ɑu
	脂$_{O3}$ -ĭ		真$_{C3}$j -ĭwen			歌 哿 箇	歌$_{O1}$ -ɑ
	脂$_{C3}$ -ĭw		真$_{O3}$ -ĭen			戈 果 過	戈$_{C1}$ -uɑ
之 止 志	之$_{O3}$ -ĭəi	諄 準 稕 術	諄$_{C3}$ -ĭuen				戈$_{O3}$ -ĭɑ
微 尾 未	微$_{O3}$ iəi	臻 ○○ 櫛	臻$_{O2}$ -eni				戈$_{C3}$ -ĭwɑ
	微$_{C3}$ iwəi	文 吻 問 物	文$_{C3}$ -ĭuən	麻 馬 禡	麻$_{O2}$ -a		
魚 語 御	魚$_{O3}$ -ĭo	欣 隱 焮 迄	欣$_{O3}$ -ĭən		麻$_{C2}$ -wa		
虞 麌 遇	虞$_{C3}$ -ĭu	魂 混 慁 沒	魂$_{C1}$ -uən		麻$_{O3}$ -ĭa		
模 姥 暮	模$_{O1}$ -u	痕 很 恨 ○	痕$_{O1}$ -ən	陽 養 漾 藥	陽$_{O3}$ -ĭang		
齊 薺 霽	齊$_{O4}$ -iei	元 阮 願 月	元$_{O3}$ ĭɐn		陽$_{C3}$ -ĭuang		
	齊$_{C4}$ -iwei		元$_{C3}$ ĭwɐn	唐 蕩 宕 鐸	唐$_{O1}$ -ɑng		
祭	祭$_{O3}$j iɛi	寒 旱 翰 曷	寒$_{O1}$ -ɑn		唐$_{C1}$ -uɑng		
	祭$_{C3}$j iwɛi	桓 緩 換 末	桓$_{C1}$ -uɑn	庚 梗 映 陌	庚$_{O2}$ -ɐng		
	祭$_{O3}$ iɛi	刪 潸 諫 鎋	刪$_{O2}$ -an		庚$_{C2}$ -wɐng		
	祭$_{C3}$ iwɛi		刪$_{C2}$ -wan		庚$_{O3}$ -ĭɐi		
泰	泰$_{O1}$ iɑi	山 産 襇 黠	山$_{O2}$ -ɐn		庚$_{C3}$ -ĭwɐi		
	泰$_{C1}$ iɑu		山$_{C2}$ -wɐn		耕 耿 諍 麦	耕$_{O2}$ -æng

尤 有 宥	尤$_{O3}$ -ĭəu	鹽 琰 豔 葉	鹽$_{O3}$j mĭɛi	清 靜 勁 昔	清$_{O3}$j -ĭɛng
侯 厚 候	侯$_{O1}$ -əu		鹽$_{O3}$ mĭɛi		清$_{C3}$j -ĭwɛng
幽 黝 幼	幽$_{O3}$j -iəu	添 忝 掭 帖	添$_{O4}$ mei	青 迥 径 錫	青$_{O4}$ -ieng
侵 寢 沁	侵$_{O3}$j -mĭəi	咸 豏 陷 洽	咸$_{O2}$ -pm		青$_{C4}$ -iweng
	侵$_{O3}$ -mĭəi	銜 檻 鑑 狎	銜$_{O2}$ -am	蒸 拯 證 職	蒸$_{O3}$ -ĭəng
合 感 勘 盍	談$_{O1}$ -mɑ	嚴 儼 釅 業	嚴$_{O3}$ mĭɐi	登 等 嶝 徳	登$_{O1}$ -əng
談 敢 闞 盍	談$_{O1}$ -mɑ	凡 范 梵 乏	凡$_{C3}$ mĭwɐi		登$_{C1}$ -uəng

※表中 O＝開口呼、C＝合口呼 漢数字＝等呼

※入声韻は有尾韻－ng：－k，－n：－t，－m：－p のごとく対応する

※再建中古音擬音表記右肩数字は中古音聲調を示す。1－平声；2－上声；3－去声；4－入声。

遇　　攝

魚　　　yu²　　　ngjo¹　　　語居切　　　AI09-0101

①『説文』に「水蟲なり」とある。②亦、姓。馮翊の『風俗通』に「宋公子魚、賢にして、謀有り。字を以て族の氏姓とした。」とある。③又、漢の複姓。二氏有り。『左傳』に「晋に長魚矯がいる。」とある。『史記』に「修魚氏がいる。」とある。

鱻　　　yu²　　　ngjo¹　　　語居切　　　AI09-0102

①『説文』に「二魚なり。（魚が連なってゆく。）」とある。

漁　　　yu²　　　ngjo¹　　　語居切　　　AI09-0103

①『説文』に「魚を捕らえるなり。」とある。②『尸子』に「燧人氏の世は天下に川が多かった。そこで民に魚を捕らえることを教えた。」とある。③又、川名。漁陽にある

瀺　　　yu²　　　ngjo¹　　　語居切　　　AI09-0104

①漁に同じ。

敔　　　yu²　　　ngjo¹　　　語居切　　　AI09-0105

①漁に同じ。

歔　　　yu²　　　ngjo¹　　　語居切　　　AI09-0106

①歔獵　魚や鳥を捕らえること。②漁に同じ。
　○歔獵

齬　　　yu³　　　ngjo¹　　　語居切　　　AI09-0107

①歯が噛み合わない。②又、魚擧切 [ngjo²]

鋙　　　yu³　　　ngjo¹　　　語居切　　　AI09-0108

①鋤の類。②又、音語 [ngjo²]

瞴　　yu²　　　　ngi̯o¹　　　　語居切　　　AI09-0109

　①『爾雅』に「馬の両目が白いもの。」とある。字は魚を目に作るものもある。

衙　　yu²　　　　ngi̯o¹　　　　語居切　　　AI09-0110

　①『説文』に「衙衙は行く様。」とある。②又、音牙［nga¹］
　○衙衙

初　　chu¹　　　ṣi̯o¹　　　　楚居切　　　AI09-0201

　①こぐち。いとぐち。②はじめ。刀と衣からなる。衣を裁断する一番はじめ。

噈　　chu¹　　　ṣi̯o¹　　　　楚居切　　　AI09-0202

　①人を叱り飛ばすこと。

書　　shu¹　　　śi̯o¹　　　　傷魚切　　　AI09-0301

　①『世本』に「沮誦、蒼頡が書を作った。」とある。②『釋名』に「書は庶なり。庶物を紀するなり。亦、著述する事をいう。竹・木簡に記述し、永く滅びないようにする。」とある。

鶐　　shu¹　　　śi̯o¹　　　　傷魚切　　　AI09-0302

　①鳥名。野鴨に似ている。

璹　　shu¹　　　śi̯o¹　　　　傷魚切　　　AI09-0303

　①美玉の名。『禮記』の注に「笏のこと」とある。②一本には「荼」とある。

舒　　shu¹　　　śi̯o¹　　　　傷魚切　　　AI09-0304

　①緩やかなこと。②遅い。③伸びやかなこと。④おもむろに。⑤述べること⑥亦、州名。春秋時代は皖国、晉代は皖県に懷寧県を置く。唐の武徳年間、舒州に改めた。⑦亦、姓。何氏『姓苑』に「廬江の人」とある。

蒣　　shu¹　　　śi̯o¹　　　　傷魚切　　　AI09-0305

①菜名。魚薺（なづなの一種）

紓　shu¹　　　śjo¹　　傷魚切　AI09-0306

①緩やかなこと。

䣄　shu¹　　　śjo¹　　傷魚切　AI09-0307

①地名。蘆江にある。

居　ju¹　　　kśo¹　　九魚切　AI09-0401

①そこに止る。②おる。③やすめる。

㝢　ju¹　　　kjo¹　　九魚切　AI09-0402

①㝢儲　たくわえ。蓄積。

○㝢儲

据　ju¹　　　kjo¹　　九魚切　AI09-0403

①手の病気。『詩経』に「予が手、拮据たり」。毛萇が言うには「拮据はふごを持挙げること。」という。

裾　ju¹　　　kjo¹　　九魚切　AI09-0404

①衣裾　衣の裾。

○衣裾

琚　ju¹　　　kjo¹　　九魚切　AI09-0405

①玉名。

腒　ju¹　　　kjo¹　　九魚切　AI09-0406

①貯える。

鶋　ju¹　　　kjo¹　　九魚切　AI09-0407

①鶏鶋　海鳥。

○鶏鶋

― 4 ―

車　　ju¹　　　　　ki̯o¹　　　　九魚切　　　　AI09-0408

①天子の車。②又、昌遮切［tɕ'i a²］

蜛　　ju¹　　　　　ki̯o¹　　　　九魚切　　　　AI09-0409

①蜛蟝　水生動物の名。

○蜛蟝

崌　　ju¹　　　　　ki̯o¹　　　　九魚切　　　　AI09-0410

①崌崍　山名。

○崌崍

椐　　ju¹　　　　　ki̯o¹　　　　九魚切　　　　AI09-0411

①木名。

涺　　ju¹　　　　　ki̯o¹　　　　九魚切　　　　AI09-0412

①川名。

苣　　ju¹　　　　　ki̯o¹　　　　九魚切　　　　AI09-0413

①苴苣　草名。

○苴苣

腒　　ju¹　　　　　ki̯o¹　　　　九魚切　　　　AI09-0414

①鳥の干し肉。②又、音渠［gi̯o¹］

渠　　qu²　　　　　gi̯o¹　　　　強魚切　　　　AI09-0501

①溝渠　溝。②亦、州名。宋は宕渠郡を置く。周はそのまま郡とした。武徳の初めに改め、州を置いた。③亦、山名。宕渠山あり。④又、姓。『左傳』に「衛に渠孔あり。兵車を御した。」とある。

○溝渠

轃　　qu²　　　　　gi̯o¹　　　　強魚切　　　　AI09-0502

①車輪の大輪（車輪の外回りを包むもの）

| 繰 | qu² | gio¹ | 強魚切 | AI09-0503 |

①履物の飾り。

| 璖 | qu² | gio¹ | 強魚切 | AI09-0504 |

①玉。

| 磲 | qu² | gio¹ | 強魚切 | AI09-0505 |

①硨磲　美石。玉に次ぐ石。
○硨磲

| 蕖 | qu² | gio¹ | 強魚切 | AI09-0506 |

①芙蕖　蓮の花の別名。
○芙蕖

| 籧 | qu² | gio¹ | 強魚切 | AI09-0507 |

①籧篨　割り竹や葦で編んだ目の粗い筵。
○籧篨

| 簴 | ju³ | gio¹ | 強魚切 | AI09-0508 |

①牛に餌をやる飼飯桶。

| 渠 | qu² | gio¹ | 強魚切 | AI09-0509 |

①渠挐　『方言』に「杷（熊手）宋魏の地方ではこれを渠挐という。」とある。
○渠挐

| 醵 | ju⁴ | gio¹ | 強魚切 | AI09-0510 |

①銭を出し合って酒を飲む。②又、巨略切［giak⁴］

| 腒 | ju¹ | gio¹ | 強魚切 | AI09-0511 |

①鳥の干し肉。

鸜　　qu² 　　　　　gio¹ 　　　　強魚切　　　AI09-0512

①鸜鵒　鳥名。せきれい。

○鸜鵒

蟗　　qu² 　　　　　gio¹ 　　　　強魚切　　　AI09-0513

①『説文』に「蟗蟱」とある。②一本には「蜉蝣。（かげろう）朝生まれて暮れに死す。」とある。③『爾雅』に「渠略」とある。

蠷　　qu² 　　　　　gio¹ 　　　　強魚切　　　AI09-0514

①蟗に同じ。

貜　　qu² 　　　　　gio¹ 　　　　強魚切　　　AI09-0515

①貜㹎　獣名。猛獣を食らう。『山海経』に出ている。

○貜㹎

豦　　ju⁴ 　　　　　gio¹ 　　　　強魚切　　　AI09-0516

①獣名。『説文』に「獣　闘って組んで解けないこと。豕と虍からなり、虎と豕が組み合って闘い止めないことを示す」とある。司馬相如は「豦は封豕（大きな豕）の属。」という。②一説に「虎が両足を挙げている様」という。③又、音據［kio³］

蘧　　qu² 　　　　　gio¹ 　　　　強魚切　　　AI09-0517

①蘧麦　河原撫子。②又、姓。

○蘧麦

鐻　　qu² 　　　　　gio¹ 　　　　強魚切　　　AI09-0518

①鐻耳　耳飾りのすぐれたもの。

○鐻耳

璩　　qu² 　　　　　gio¹ 　　　　強魚切　　　AI09-0519

①耳飾りの玉。イヤリング

𨚍　　qu² 　　　　　gio¹ 　　　　強魚切　　　AI09-0520

①集落の名。

櫸　　qu²　　　gio¹　　　強魚切　　　AI09-0521

　①まがきの名。

趞　　qu²　　　gio¹　　　強魚切　　　AI09-0522

　①小走りに行く様。

藘　　qu²　　　gio¹　　　強魚切　　　AI09-0523

　①藘菜　菜名。紫蘇に似ている。②又、音巨 [gio²]
　○藘菜

竆　　qu²　　　gio¹　　　強魚切　　　AI09-0524

　①穴の類。

襋　　qu²　　　gio¹　　　強魚切　　　AI09-0525

　①繫襋　衣を掛けること。
　○繫襋

懅　　ju⁴　　　gio¹　　　強魚切　　　AI09-0526

　①怯える。恐れおののく。②又、音遽 [gio³]

余　　yu²　　　jio¹　　　以諸切　　　AI09-0601

　①われ。一人称。②又、姓。『風俗通』に「秦の由余の後裔」とある。③何氏『姓苑』に「今の新安の人」とある。

蜍　　yu²　　　jio¹　　　以諸切　　　AI09-0602

　①蜘蛛。②又、常魚切 [zio¹]

蒮　　yu⁴　　　jio¹　　　以諸切　　　AI09-0603

　①芐蒮　香草の名。

○ 芧蒢

漵 yu² ji o¹ 以諸切 AI09-0604

①川名。

餘 yu² ji o¹ 以諸切 AI09-0605

①残り。②余り。③ことごとく。④豊か。多い。⑤又、姓。晋に餘頠がいた。。⑥又、漢の複姓。三氏あり。晋の大臣、韓宣子の後裔、名前が餘子という人が齊に逃げて、韓餘子と号した。⑦又、傅餘子、本来は傅説と言った。説が早く宰相となった。その後裔で傅巖に留まる者がいた。因って傅餘子と号した。秦が乱れ清河より、呉に入る。漢が興隆したので、本の郡餘に帰ったが、帰らなかった者は傅氏と言った。今の呉郡にこれがある。『風俗通』に「呉の公子、夫㮣は楚に逃げた。その子は国に残り、夫餘を氏とした。今の百済王夫餘氏である。」とある。

輿 yu² ji o¹ 以諸切 AI09-0606

①車輿　車。②又、多い。③又、權輿　物事のはじめ。④『續漢書』「輿服志」に「上古の聖人は、風に吹かれて転がり行く蓬を観て、始めて輪を造った。輪が回れば物を載せることは出来ない。物事を捉えることに因って、知恵は生まれる。後にこのことから輿を造った」とある。⑤又、姓。周の大夫、伯輿の後裔。

○車輿
○權輿

旟 yu² ji o¹ 以諸切 AI09-0607

①『周禮』に「鳥隼を旟という。村里に建てる。」とある。『爾雅』に「革鳥（鷹・隼の類）を置くことを旟という。」とある。郭璞の注に「これは鳥の皮毛を剥いで、竿の先につけることをいう。」とある。

鵌 tu² ji o¹ 以諸切 AI09-0608

①鳥名。鼠と同じ穴に棲む。②又、大都切 [du¹]

璵 yu² ji o¹ 以諸切 AI09-0609

①魯の宝玉。

艅 yu² ji o¹ 以諸切 AI09-0610

①艅艎　呉王の船の名。

○艅艎

畬 yu² jio¹ 以諸切 AI09-0611
①開墾して三年を経た田。

畭 yu² jio¹ 以諸切 AI09-0612
①畬に同じ。

歟 yu² jio¹ 以諸切 AI09-0613
①『説文』に「安气（ゆったりとして安らかなさま。）」とある。②語末の助辞。③又、與に作る。

與 yu² jio¹ 以諸切 AI09-0614
①歟に同じ。②本　又、餘佇切［jio²］

譽 yu² jio¹ 以諸切 AI09-0615
①褒め称える。②又、音預［jio³］

嬩 yu² jio¹ 以諸切 AI09-0616
①女性名用字。

舁 yu² jio¹ 以諸切 AI09-0617
①向いあって持ちあげる。

擧 yu² jio¹ 以諸切 AI09-0618
①舁に同じ。

妤 yu² jio¹ 以諸切 AI09-0619
①婕妤　宮女の官職名。②又、倢伃とも書く。

○婕妤

伃 yu² jio¹ 以諸切 AI09-0620

①好に同じ。

懙 yu³　　jio¹　　以諸切　　AI09-0621

①恭しく謹む。

麌 yu²　　jio¹　　以諸切　　AI09-0622

①獣名。『説文』に「鹿に似ていて大きい。」とある。②又、弋庶切［jio²］

予 yu²　　jio¹　　以諸切　　AI09-0623

①我。一人称。②又、餘佇切［jio²］

貐 yu²　　jio¹　　以諸切　　AI09-0624

①獣名。

䮀 yu²　　jio¹　　以諸切　　AI09-0625

①馬の歩くさま。

趦 yu²　　jio¹　　以諸切　　AI09-0626

①趦趦　穏やかに歩く様。

○趦趦

㺄 yu²　　jio¹　　以諸切　　AI09-0627

①獣名。『山海経』に「餘我の山に獣がいた。体は兎の様で、口は鳥の嘴のようで、目は梟のよう、蛇の尾をもち、人間に遭遇すると、たちまち眠ってしまう。」とある。名付けて㺄徐という。これが現れると、蝗害がある。

鸒 yu²　　jio¹　　以諸切　　AI09-0628

①『爾雅』に「鸒斯。山鳥のこと」とある。②又、羊庶切［jio³］

雓 yu²　　jio¹　　以諸切　　AI09-0629

①『爾雅』に「鶏の大きなものを蜀といい、蜀の子を雓という」とある。

胥　　xu¹　　　　sio¹　　　相居切　　　AI09-0701

①互いに。②『説文』に「蟹の塩辛」とある。③又、姓。晉に大夫　胥童あり。何氏『姓苑』に「琅邪の人」とある。④俗字は胥と書く。⑤又、息呂切［sio²］

鱮　　xu¹　　　　sio¹　　　相居切　　　AI09-0702

①魚名。

簻　　xu¹　　　　sio¹　　　相居切　　　AI09-0703

①竹名。

稰　　xu¹　　　　sio¹　　　相居切　　　AI09-0704

①落ちる。

楈　　xu¹　　　　sio¹　　　相居切　　　AI09-0705

①木名。

荀　　xu¹　　　　sio¹　　　相居切　　　AI09-0706

①姓。『纂文』にある。一本には音序［sio³］

諝　　xu¹　　　　sio¹　　　相居切　　　AI09-0707

①才知にたけた人の称。②又、息呂切［sio²］

惰　　xu¹　　　　sio¹　　　相居切　　　AI09-0708

①諝に同じ。

湑　　xu³　　　　sio¹　　　相居切　　　AI09-0709

①露の宿る様。②又、息呂切［sio²］

蝑　　xu¹　　　　sio¹　　　相居切　　　AI09-0710

①蚣蝑蟲　蟲名。きりぎりす。

胥　　xu¹　　　　sio¹　　　　相居切　　　AI09-0711

①水を汲む道具。

疽　　ju¹　　　　tsio¹　　　　七余切　　　AI09-0801

①癰疽　悪性のできもの。

　○癰疽

岨　　ju¹　　　　tsio¹　　　　七余切　　　AI09-0802

①土をかぶった石山。

砠　　ju¹　　　　tsio¹　　　　七余切　　　AI09-0803

①岨に同じ。

邪　　ju¹　　　　tsio¹　　　　七余切　　　AI09-0804

①郷名。鄠県にある。②又、子余切 [tsio¹]

趄　　ju¹　　　　tsio¹　　　　七余切　　　AI09-0805

①趑趄　行き悩む様。つかえて止まる様。

　○趑趄

苴　　ju¹　　　　tsio¹　　　　七余切　　　AI09-0806

①履物の中敷き。②又、子魚切 [tsio¹]

沮　　ju¹　　　　tsio¹　　　　七余切　　　AI09-0807

①止める。②非難する。謗る。③又、川名。房陵にある。俗に沮漳という。『書経』に「漆水と沮水は既に治まる」とある。共に北方にある。④又、子魚 [tsio¹]・側魚 [tsio¹]・疾與 [dzio²]・子預 [tsio³] 四切。

狙　　ju¹　　　　tsio¹　　　　七余切　　　AI09-0808

①猿。②又、七預切 [tsio³]

胆　　qu¹　　　　tsio¹　　　　七余切　　　AI09-0809

①肉の中にいる蛆虫。

疽　qu¹　　ʦio¹　　七余切　　AI09-0810

①胆の俗字。

雎　ju¹　　ʦio¹　　七余切　　AI09-0811

①雎鳩　鳥名。みさご。
○雎鳩

菹　zu¹　　ʦio¹　　七余切　　AI09-0812

①苞菹　茅で織った敷物。②又、則吾切［tsu¹］
○苞菹

滻　ju¹　　ʦio¹　　七余切　　AI09-0813

①『説文』に「川名。北地、直路の西より出て、東の方、洛水に入る」とある。

伹　qu¹　　ʦio¹　　七余切　　AI09-0814

①鈍い人。

坥　ju¹　　ʦio¹　　七余切　　AI09-0815

①みみずの糞。②又、七預切［ʦio³］

厓　qu¹　　ʦio¹　　七余切　　AI09-0816

①これ。この。近い事物をさす。

鉏　ju³　　ʥio¹　　士魚切　　AI09-0901

①悪人をうち除く。②又、農具。『釋名』に「鉏は助なり。雑草を除き、苗の成長を助ける。」とある。③『説文』に「田の草を切り取る。」とある。④又、姓。『左傳』に「鉏麑」がいる。

鋤　ju³　　ʥio¹　　士魚切　　AI09-0902

①鉏に同じ。

耡　　ju³　　ʤio¹　　士魚切　　AI09-0903

①『周禮』に「農耕を盛んにして民を利する」とある。②又、音助〔ʤio³〕

豠　　ju³　　ʤio¹　　士魚切　　AI09-0904

①豚の類。

貙　　ju³　　ʤio¹　　士魚切　　AI09-0905

①豠に同じ。

鶵　　chu²　　ʤio¹　　士魚切　　AI09-0906

①鷺鶵鳥　鳥名。白鷺。②『爾雅』に「舂鉏」に作る。

攄　　shu¹　　ʧio¹　　丑居切　　AI09-1001

①述べる。

樗　　hu⁴　　ʧio¹　　丑居切　　AI09-1002

①使用に堪えない木。悪木。

篨　　tu²　　ʧio¹　　丑居切　　AI09-1003

①竹製の筐。

摴　　chu¹　　ʧio¹　　丑居切　　AI09-1004

①摴蒱　遊戯。②又、姓。『史記』に「秦の宰相摴里疾」とある。
○摴蒱

疏　　shu¹　　sio¹　　所菹切　　AI09-1101

①通ること。②除くこと。③分ける。④疎遠なこと。⑤窓。⑥又、姓。漢の太子の太傅、東海の疏廣がいた。⑦一本に疋に作る。⑧俗字疎に作る。⑨又、所助切〔sio³〕

梳　　shu¹　　sio¹　　所菹切　　AI09-1102

①櫛。②『説文』に「髪を整えること」とある。

練　　shu¹　　　　　ṣi o¹　　　所菹切　　　AI09-1103
　①練葛　苧麻で織った布。
　○練葛

蔬　　shu¹　　　　　ṣi o¹　　　所菹切　　　AI09-1104
　①蔬菜　野菜。
　○蔬菜

疎　　shu¹　　　　　ṣi o¹　　　所菹切　　　AI09-1105
　①稀疎　疎らなこと。
　○稀疎

綊　　shu¹　　　　　ṣi o¹　　　所菹切　　　AI09-1106
　①継ぐ。

釃　　shi¹　　　　　ṣi o¹　　　所菹切　　　AI09-1107
　①酒を漉す。

䍡　　shi¹　　　　　ṣi o¹　　　所菹切　　　AI09-1108
　①釃に同じ。

㳯　　shu¹　　　　　ṣi o¹　　　所菹切　　　AI09-1109
　①通じる。

䟽　　shu¹　　　　　ṣi o¹　　　所菹切　　　AI09-1110
　①彫刻をした格子窓。

疋　　shu¹　　　　　ṣi o¹　　　所菹切　　　AI09-1111
　①足。②古くは雅に作る。

虛　　xu¹　　　　　xi o¹　　　朽居切　　　AI09-1201

①空虚。虚ろ。②亦、姓。何氏『姓苑』にある。③又、音祛 [kio¹]
○空虚

驉　　xu¹　　　　χio¹　　　　朽居切　　　　AI09-1202

① 駏驉　家畜名。騾馬に似ている。

歔　　xu¹　　　　χio¹　　　　朽居切　　　　AI09-1203

① 歔欷　すすり泣く。

○歔欷

嘘　　xu¹　　　　χio¹　　　　朽居切　　　　AI09-1204

①吹嘘　息を吹き出す。
○吹嘘

魖　　xu¹　　　　χio¹　　　　朽居切　　　　AI09-1205

①貧乏神。②又、夔魖罔象　木石の怪物。
○夔魖罔象

𧒉　　xu¹　　　　χio¹　　　　朽居切　　　　AI09-1206

①魖に同じ。『字書』に出る。

徐　　xu²　　　　zio¹　　　　似魚切　　　　AI09-1301

①緩やかなこと。②『説文』に「緩やかに行くこと。」とある。③亦、州名。古の彭国。禹が徐州とした。秦では泗水郡に属し、漢では郡となり、再び徐州を置いた。④又、姓。顓頊の後裔、春秋時代に徐偃王が仁義を行った。楚の文王に滅ぼされた。そこで後裔はこれを氏姓とした。東海、高平、東莞、琅邪、濮陽の五名家に出ている。

邪　　tu²　　　　zio¹　　　　似魚切　　　　AI09-1302

①地名。②又、音徒［du¹］

羭　　xu²　　　　zio¹　　　　似魚切　　　　AI09-1303

①野羊。

徐　　xu² 　　　　zio¹ 　　　　似魚切 　　　AI09-1304

①『説文』に「緩やかなり。」とある。

於　　yu² 　　　　ɸio¹ 　　　　央居切 　　　AI09-1401

①居る。②代わる。③助辞。④又、商於　地名。⑤亦、姓。今の淮南に居る。⑥又、音烏〔ɸu¹〕

扵　　yu² 　　　　ɸio¹ 　　　　央居切 　　　AI09-1402

①於の俗字。

箊　　yu¹ 　　　　ɸio¹ 　　　　央居切 　　　AI09-1403

①竹名。

淤　　yu¹ 　　　　ɸio¹ 　　　　央居切 　　　AI09-1404

①淤泥　泥、ぬかるみ。②又、依倨切〔ɸio³〕

　○淤泥

唹　　yu¹ 　　　　ɸio¹ 　　　　央居切 　　　AI09-1405

①笑う様。

豬　　zhu¹ 　　　　tio¹ 　　　　陟魚切 　　　AI09-1501

①『爾雅』に「豕の子は豬なり。」とある。

腊　　zhu¹ 　　　　tio¹ 　　　　陟魚切 　　　AI09-1502

①豬に同じ。

猪　　zhu¹ 　　　　tio¹ 　　　　陟魚切 　　　AI09-1503

①豬の俗字。

瀦　　zhu¹ 　　　　tio¹ 　　　　陟魚切 　　　AI09-1504

①川の流れが止まり、水が集まり澱んでいる所。

櫫　　zhu¹　　　　ți o¹　　　　陟魚切　　　AI09-1505

　①揭櫫　場所を示す標識。

　○揭櫫

藸　　zhu¹　　　　ți o¹　　　　陟魚切　　　AI09-1506

　①藸䕍草　草名。②又、音除［ɖi o¹］

　○藸䕍草

臚　　lu²　　　　li o¹　　　　力居切　　　AI09-1601

　①皮臚　　皮膚。②腹部。③又、鴻臚寺。『漢書』に「典客は秦代の官職である。武帝の時、名を改めて「大鴻臚」とした。韋昭は「鴻とは大のこと。臚とは陳列すること。禮に倣って、賓客を大いにもてなす（陳列）こと。」という。

　○皮臚

閭　　lü²　　　　li o¹　　　　力居切　　　AI09-1602

　①ともがら。仲間。②居る。③村里。『周禮』に「五軒で一比とし、相互保証させ、五比を閭とし、互いに付託させた。」とある。④又、姓。衞の国に頓・丘の二郡にいる。⑤又、漢の複姓。四氏いる。凡そ閭氏は晋の唐叔から出た。賈執の『英賢傳』に「今の東莞に林閭氏なるものがいるが、嬴という姓から出ている。『文字志』に「後漢、蜀郡に林閭翁孺なるものがいて、博学で書をよくした。」とある。『芸文志』に「昔、将閭子という者がいた。名を菟といい、学問を好み、書物を著した。」とある。晋に寧州刺史、樂安の辟閭彬がいた。

氀　　lu²　　　　li o¹　　　　力居切　　　AI09-1603

　①毛。②『説文』に「髮の毛の起つさま。」とある。

廬　　lu²　　　　li o¹　　　　力居切　　　AI09-1604

　①身を寄せる。②家屋。③『周禮』に「おおよそ、國内を十里行くと廬がある。廬では飲食ができる。」とある。④又、州名。春秋時代は舒の地、秦では合肥県となり、梁は合州とし、隋は廬州とした。⑤又、山名。『廬山記』に「周の威王の時、匡俗廬君がいた。それで山にその号を取って廬山とした。」とある。

蘆　　lu²　　　　li o¹　　　　力居切　　　AI09-1605

　①漏蘆草　草名。くろくさ。②又、音盧［lu¹］

欄　　　lü²　　　　ljo¹　　　力居切　　　AI09-1606

①栟欄　木名。葉が有って枝がない。『博雅』に「栟欄とは棕櫚のことである。」とある。

○栟欄

驢　　　lu²　　　　ljo¹　　　力居切　　　AI09-1607

①家畜名。驢馬。

蘆　　　lü²　　　　ljo¹　　　力居切　　　AI09-1608

①藘蘆草　草名。茜草。

○藘蘆草

藺　　　lü²　　　　ljo¹　　　力居切　　　AI09-1609

①菴藺草　草名。いぬよもぎ。

○菴藺草

爈　　　lü⁴　　　　ljo¹　　　力居切　　　AI09-1610

①山の周辺を焼く。山焼きの一種。

澗　　　lü²　　　　ljo¹　　　力居切　　　AI09-1611

①沉澗　海水が漏れ出る所。調べた所、『荘子』には「尾閭」とある。

嚧　　　lu²　　　　ljo¹　　　力居切　　　AI09-1612

①『玉篇』に「山名」とある。

櫨　　　lü⁴　　　　ljo¹　　　力居切　　　AI09-1613

①諸櫨　山𣡌。蔓草名。豆の一種。『爾雅』は「慮」に作る。

○諸櫨

璷　　　lu²　　　　ljo¹　　　力居切　　　AI09-1614

①『字林』に「玉名」とある。

駅 lü⁴   lio¹   力居切   AI09-1615
①駅伝馬。宿場間の伝馬。

籚 lü²   lio¹   力居切   AI09-1616
①籚箸　竹名。
　○籚箸

憫 lü²   lio¹   力居切   AI09-1617
①憂うこと。

諸 zhu¹   ɕio¹   章魚切   AI09-1701
①代名詞「之」と同じ。②旃　之と焉の合音字。「これ」③弁ずる。④諸々、多くの、⑤又、姓。漢に洛陽の令、諸於がいる。『風俗通』にある。⑥又、漢の複姓。諸葛氏がある。『呉書』に「その祖先葛氏は本、琅邪諸県の人、陽都に移り住み、始め葛という姓であったが、その時の人が移り住んだ者を諸葛氏といった。それで氏姓とした。⑥『風俗通』に「葛嬰が陳渉の将となって功績があったが、処刑された。孝文帝がその孫を追禄して、諸県の侯に封じた。それで合わせて氏姓とした。」とある。

櫧 zhu¹   ɕio¹   章魚切   AI09-1702
①木名。

渚 zhu¹   ɕio¹   章魚切   AI09-1703
①川名。北嶽にある。

藷 zhu¹   ɕio¹   章魚切   AI09-1704
①藷蔗　甘蔗
　○藷蔗

藷 shu³   ɕio¹   章魚切   AI09-1705
①薯蕷（山芋）の別名。

礜 zhu¹   ɕio¹   章魚切   AI09-1706
①礝礜　青礪。砥石の一種。

○䃴䃴

蠩　　zhu¹　　t͡ɕi o¹　　章魚切　　AI09-1707

①蜛蠩　蟲名。頭は一つ、尾は数本。長さ二、三尺。左右に脚がある。形は蚕に似ていて、食べられる。

○蜛蠩

除　　chu²　　ɗi o¹　　直魚切　　AI09-1801

①きざはし。階。②又、去る。

躇　　chu²　　ɗi o¹　　直魚切　　AI09-1802

①躊躇　ためらう。
　○躊躇

儲　　chu²　　ɗi o¹　　直魚切　　AI09-1803

①補佐。②又、姓。後漢に儲太伯がいる。

涂　　chu²　　ɗi o¹　　直魚切　　AI09-1804

①川名。堂邑にある。②又、直胡切［ɗu¹］

篨　　chu²　　ɗi o¹　　直魚切　　AI09-1805

①籧篨　たかむしろ。
　○籧篨

藸　　chu²　　ɗi o¹　　直魚切　　AI09-1806

①薵藸　葱名。
　○薵藸

宁　　zhu⁴　　ɗi o¹　　直魚切　　AI09-1807

①門扉の間。②又、音佇［ɗu²］

瘉　　chu²　　ɗi o¹　　直魚切　　AI09-1808

①傷痕。

著　　　zhu⁴　　　ɖio¹　　　直魚切　　　AI09-1809

①『爾雅』に「木星が戌の位置にあることを著雍という。」とある。②又、直略 [ɖiak⁴]・陟慮 [ʈio³]・陟略 [ʈiak⁴] 三切

滁　　　chu²　　　ɖio¹　　　直魚切　　　AI09-1810

①川名。簸箕山より出て、海に入る。②亦、州名。春秋時代、楚の地、梁では南譙州、斉では臨滁郡に改め、開皇（隋）では滁州と改めた。

藸　　　chu²　　　ɖio¹　　　直魚切　　　AI09-1811

①草名。染色に用いる。②菜藸　口上手。口が上手いこと。

〇菜藸

屠　　　chu²　　　ɖio¹　　　直魚切　　　AI09-1812

①『匈奴傳』に「休屠王」がある。②又音徒 [du¹]

藸　　　chu²　　　ɖio¹　　　直魚切　　　AI09-1813

①藥草名。『爾雅』に「菋とは荎藸のこと。」とある。郭璞は「五味子（さねかずら）である。蔓が生え、實は莖の上に群生する。」という。

〇荎藸

如　　　ru²　　　ȵio¹　　　人諸切　　　AI09-1901

①「而」と同じ。②等しい。③類似している。④謀る。⑤往く。⑥もし、仮りに（仮定）⑦又、姓。晋の中経部、魏の陳郡の丞、馮翊如淳がいた。『漢書』に注を付けた。⑧又、虜姓。『後魏書』に「如羅氏、後に改めて如氏とした。」とある。

藘　　　ru²　　　ȵio¹　　　人諸切　　　AI09-1902

①藘蘆草　草名。茜草。②又、茹に作る。

〇藘蘆草

㚲　　　ru²　　　ȵio¹　　　人諸切　　　AI09-1903

①地名。

洳　ru² 　ȵio¹ 　人諸切　AI09-1904

①川名。南部にある。②又、人慮切［ȵio³］

駕　ru² 　ȵio¹ 　人諸切　AI09-1905

①鳥名。鳩。

鴽　ru² 　ȵio¹ 　人諸切　AI09-1906

①駕に同じ。

㒈　ru³ 　ȵio¹ 　人諸切　AI09-1907

①うたた寝。②又、如與切［ȵio²］

茹　ru² 　ȵio¹ 　人諸切　AI09-1908

①ほしいまま。②互いに引き合う様。『易経』に「茅を一本抜き取ろうとすると、その根が張っていて、互いに引き合っている為、幾本か一緒に抜けてくる。」とある。③又、虜の複姓。『後魏書』に「普陋茹氏が後に改めて茹氏とした。」とある。④又、如虜切［ȵio³］　⑤又、而與切［ȵio²］

且　ju⁴ 　tsio¹ 　子魚切　AI09-2001

①語助詞。②『説文』に「薦めること」とある。③又、七也切［tɕia²］

蛆　ju¹ 　tsio¹ 　子魚切　AI09-2002

①蝍蛆　百足。蛇を食べる虫。蜈蚣がこれである。『爾雅』に「蒺蔾は蝍蛆」とある。郭璞は「蝗に似ていて腹が大きく、触角が長い。蛇の脳を食う」といっている。

○蝍蛆

苴　ju¹ 　tsio¹ 　子魚切　AI09-2003

①苞苴　つと。②又、姓。『漢書・貨殖傳』に「平陵に苴氏有り。」とある。③又、音疽［tɕio¹］

○苞苴

沮　ju¹ 　tsio¹ 　子魚切　AI09-2004

①虜の複姓。沮渠氏。その先祖は世、匈奴の左沮渠遂、官名を氏姓とした。
②沮渠蒙遜、後魏の天興四年、張掖を僭称し、北涼と称した。

虛　　xu¹　　　　ki̯o¹　　　　去魚切　　　　AI09-2101

①『説文』に「大きな丘である。」とある。②又、許魚切［χi̯o¹］

墟　　xu¹　　　　ki̯o¹　　　　去魚切　　　　AI09-2102

①虛に同じ。

筥　　qu¹　　　　ki̯o¹　　　　去魚切　　　　AI09-2103

①飯をいれる器。

袪　　qu¹　　　　ki̯o¹　　　　去魚切　　　　AI09-2104

①袖。②かかげる。

阹　　qu¹　　　　ki̯o¹　　　　去魚切　　　　AI09-2105

①山谷の地形を利用した牛馬の囲い。

椐　　ju¹　　　　ki̯o¹　　　　去魚切　　　　AI09-2106

①木名。②又、音巨［ki̯o¹］

胠　　qu¹　　　　ki̯o¹　　　　去魚切　　　　AI09-2107

①腋の下。②胠篋　『荘子』の篇名。
○胠篋

魼　　qu¹　　　　ki̯o¹　　　　去魚切　　　　AI09-2108

①比目魚　魚名。かれいの一種。②又、他合切［tʰɒp⁴］

嶇　　qu¹　　　　ki̯o¹　　　　去魚切　　　　AI09-2109

①嶇崎　高く険しいさま。山道。
○嶇崎

摙　　qu¹　　　　ki̯o¹　　　　去魚切　　　　AI09-2110

①激しく打つこと。

枯　　qu¹　　　　kio¹　　　去魚切　　　AI09-2111

①驢馬の背中に物を載せるための板。

苣　　qu¹　　　　kio¹　　　去魚切　　　AI09-2112

①草を刈る道具。

菹　　zu¹　　　　tsio¹　　側魚切　　　AI09-2201

①『説文』に「酢漬けの蔬菜」とある。②亦、葅 に作る。

薀　　zu¹　　　　tsio¹　　側魚切　　　AI09-2202

①菹に同じ。

齟　　zha¹　　　tsio¹　　側魚切　　　AI09-2203

①歯の不揃いなこと。

沮　　ju¹　　　　tsio¹　　側魚切　　　AI09-2204

①人姓。『世本』に「沮誦、蒼頡　書を作る。二人とも黄帝の時の史官である」とある。

蜍　　chu²　　　źio¹　　　署魚切　　　AI09-2301

①蟾蜍　ヒキガエル。ガマ。②又、音余［jio¹］

○蟾蜍

藷　　shu³　　　źio¹　　　署魚切　　　AI09-2302

①薯蕷に似ていて大きい。山芋。②或いは稌に作る。

袽　　ru²　　　　nio¹　　　女余切　　　AI09-2401

①『易経』に「船の水漏れを衣のぼろで塞ぐ。」とある。衣のぼろぼろになっていること。②又、音如［nio¹］

絮　　ru²　　　　nio¹　　　女余切　　　AI09-2402

①大幅の巾。

毧　ru² 　　njo¹ 　　女余切 　　AI09-2403

①毛の多い犬。むく犬。

䋈　na² 　　njo¹ 　　女余切 　　AI09-2404

①薴䋈　草名。

○薴䋈

挐　ru² 　　njo¹ 　　女余切 　　AI09-2405

①涙挐　農具の名。杷。土をかきならし、穀物を掻き集める農具。

○涙挐

挈　ru² 　　njo¹ 　　女余切 　　AI09-2406

①引っ張ること。引く。

語　yu³ 　　ngjo² 　　魚巨切 　　B08-0101

①『説文』に「議論すること」とある。

篽　yu⁴ 　　ngjo² 　　魚巨切 　　B08-0102

①『説文』に「禁苑（宮中の庭園）」とある。

䘷　yu⁴ 　　ngjo² 　　魚巨切 　　B08-0103

①篽に同じ。②又、池中に竹籬を編んで、魚を養う所。生簀。

圉　yu³ 　　ngjo² 　　魚巨切 　　B08-0104

①馬を飼う。②又、姓。『左傳』に「大夫、圉公陽がいる。」とある。

敔　yu³ 　　ngjo² 　　魚巨切 　　B08-0105

①柷敔　楽器。『釋名』に「敔は衙なり。衙は止むるなり。音楽（の演奏）を止める時に用いる」とある。

○柷敔

| 圄 | yu³ | ngi o² | 魚巨切 | B08-0106 |

①囹圄　周の獄名。②又、守る。

| 衙 | yu³ | ngi o² | 魚巨切 | B08-0107 |

①行く様。『楚詞』に「飛廉（風の神）の通り過ぎるのをもって、先導させよう。」とある。②又、音牙［nga¹］

| 齬 | yu³ | ngi o² | 魚巨切 | B08-0108 |

①齟齬　食い違うこと。②或いは鉏鋙に作る。『説文』に「齬は、歯が噛み合わないこと。」とある。

○齟齬

| 鋙 | yu³ | ngi o² | 魚巨切 | B08-0109 |

①鉏鋙　食い違い。

○鉏鋙

| 鋤 | yu³ | ngi o² | 魚巨切 | B08-0110 |

①鋙に同じ。

| 禦 | yu⁴ | ngi o² | 魚巨切 | B08-0111 |

①禁じること。②止める。③応ずる。対応する。④当たる。⑤『説文』に「春祭り」とある。

| 蘌 | yu³ | ngi o² | 魚巨切 | B08-0112 |

①蘌翳　覆うこと。

○蘌翳

| 呂 | lü³ | li o² | 力擧切 | B08-0201 |

①『字林』に「背骨のこと。」とある。②『説文』に「呂に作り、又、膂に作る。③亦、姓。太嶽を禹の股肱の臣とした。それで呂侯に封じられた。後に、それに因って氏姓とした。東平の出。

| 膂 | lü³ | li o² | 力擧切 | B08-0202 |

①呂に同じ。

旅　1ü³　　li o²　　力舉切　　B08-0203

①『説文』に「五百人編成の軍隊のこと。」とある。②亦、姓。漢の功臣、表有旅卿は昌平侯に封ぜられた。③俗に𣃗に作る。

簬　1ü³　　li o²　　力舉切　　B08-0204

①飯櫃。

祣　1ü³　　li o²　　力舉切　　B08-0205

①山川の神を祭る祭りの名。②考えるに『論語』には、ただ「旅」に作る。

穭　1ü³　　li o²　　力舉切　　B08-0206

①野生の稲。

梠　1ü³　　li o²　　力舉切　　B08-0207

①庇の端の横木。桁の類。②『説文』では「楣」とある。

歫　1ü³　　li o²　　力舉切　　B08-0208

①歫拒　したくない。『文字指帰』に出ている。
　〇歫拒

侶　1ü³　　li o²　　力舉切　　B08-0209

①伴侶　つれあい。
　〇伴侶

梇　1ü³　　li o²　　力舉切　　B08-0210

①木名。矢柄にすることが出来る。

䣓　1ü³　　li o²　　力舉切　　B08-0211

①亭の名。

綌	lü³	lio²	力擧切	B08-0212

①薄く透いた絹織物。

㱖	lü³	lio²	力擧切	B08-0213

①晉の大夫の名。

佇	zhu⁴	ɖio²	直呂切	B08-0301

①しばらくの間そこに立つ。たたずむ。

竚	zhu⁴	ɖio²	直呂切	B08-0302

①佇に同じ。

芧	zhu⁴	ɖio²	直呂切	B08-0303

①草名。みくり。縄にすることが出来る。

苧	zhu⁴	ɖio²	直呂切	B08-0304

①芧に同じ。

紵	zhu⁴	ɖio²	直呂切	B08-0305

①麻紵　いちび。麻の類。

　○麻紵

杼	zhu⁴	ɖio²	直呂切	B08-0306

①『説文』に「緯を通わせる道具」とある。②又、神與切 [ɕio²]

羜	zhu⁴	ɖio²	直呂切	B08-0307

①生まれて五ヶ月経った小羊。

宁	zhu⁴	ɖio²	直呂切	B08-0308

①門と屛の間。『禮記』に「天子が政を聽く爲に、立つ位」とある。

貯	zhu⁴	ɖio²	直呂切	B08-0309

①『説文』に「見つめること。」とある。②一説に「見張ること」

與　　yu³　　　　jio²　　　余呂切　　　B08-0401

①善い。親しむ。②待つ。③『説文』に「黨與　組み・仲間」とある。④又、余［jio¹］・礜［jio¹］二音

○黨與

与　　yu³　　　　jio²　　　余呂切　　　B08-0402

①與に同じ。

弝　　yu³　　　　jio²　　　余呂切　　　B08-0403

①與の古文字。

歟　　yu²　　　　jio²　　　余呂切　　　B08-0404

①感嘆詞。語尾詞。②又、音余［jio¹］

予　　yu¹　　　　jio²　　　余呂切　　　B08-0405

①郭璞は「予は與と同じ」という。②又、弋諸切［jio¹］

藇　　yu³　　　　jio²　　　余呂切　　　B08-0406

①蕃蕪　草の茂る様。②亦、璵に作る。③又、徐呂切［zio²］

○蕃蕪

𢓡　　yu³　　　　jio²　　　余呂切　　　B08-0407

①『説文』に「物腰しが穏やかで落ち着きある歩き方。」とある。

○𢓡𢓡

鬻　　zhu³　　　ɕio²　　　章与切　　　B08-0501

①『説文』に「煮ること。」とある。亨　普庚切［pʰɒng¹］

煮　　zhu³　　　ɕio²　　　章与切　　　B08-0502

①鬻に同じ。

| 陼 | zhu³ | ʂio² | 章与切 | B08-0503 |

①丘。『説文』に「渚のようなものが陼丘。川の中の高いところ（中洲）」とある。

| 渚 | zhu³ | ʂio² | 章与切 | B08-0504 |

①なぎさ。『釋名』に「小洲を渚という。渚は遮なり。」とある。水を遮って側を巡らす。②又、川名。常山に源を発す。

| 汝 | ru³ | ȵio² | 人渚切 | B08-0601 |

①なんじ。そなた。お前。②亦、川名。『山海経』に「汝水は天息山に源を発す。」とある。③亦、州名。春秋時代に王畿及び鄭楚の地となる。『左傳』に「楚は梁及び霍を襲撃した。」とある。漢はこれを梁県とし、後魏は伊州を陸渾県の北に移し、遂に改めて汝州とした。④又、姓。『左傳』に「晉に汝寛がいた。」とある。

| 胊 | ru³ | ȵio² | 人渚切 | B08-0602 |

①魚が腐ること。

| 茹 | ru² | ȵio² | 人渚切 | B08-0603 |

①乾菜（ほしな）。乾燥野菜。②臭い。③貪る。④入り交じる。混ぜる。⑤又、而恕切［ȵio³］

| 䊆 | ru³ | ȵio² | 人渚切 | B08-0604 |

①乾菜（ほしな）。乾燥野菜。

| 䝉 | ru³ | ȵio² | 人渚切 | B08-0605 |

①粘る。粘り付く。

| 寢 | ru³ | ȵio² | 人渚切 | B08-0606 |

①楚の人は寝ることを寢という。

| 暑 | shu³ | ʂio² | 舒呂切 | B08-0701 |

①熱いこと。

| 鼠 | shu³ | śio² | 舒呂切 | B08-0702 |

①小獸の名。盗みが上手い。②『説文』に「穴蟲（穴に棲む小動物）の総称」とある。

| 黍 | shu³ | śio² | 舒呂切 | B08-0703 |

①『説文』に「粟、稲の類で、粘り気がある。孔子が黍は酒を作ることができるといったことを引いて、「禾」と「水」と「入」から成る」という。

| 蟴 | shu³ | śio² | 舒呂切 | B08-0704 |

① 蟴蝑　虫名。草鞋虫。

○蟴蝑

| 癙 | shu³ | śio² | 舒呂切 | B08-0705 |

①癙病　恐怖症。

○癙病

| 杵 | chu³ | śio² | 昌與切 | B08-0801 |

①『世本』に「雍父が杵と臼を作った」とある。

| 處 | chu³ | śio² | 昌與切 | B08-0802 |

①居ること。②止まる。③制する。④休む。⑤留まること。⑥定まる。⑦『説文』に「又、処に作る。」⑧亦、姓。『風俗通』に「漢に北海太守處興がいる。」とある。

| 貯 | zhu⁴ | tio² | 丁呂切 | B08-0901 |

①蓄える。②積むこと。

| 渚 | zhu⁴ | tio² | 丁呂切 | B08-0902 |

①貯に同じ。

| 宁 | zhu³ | tio² | 丁呂切 | B08-0903 |

①棺衣。棺掛け。

| 貯 | zhu³ | tio² | 丁呂切 | B08-0904 |

①『説文』に「米を貯える器。米を盛り上げることに由来する。」とある。

| 鍴 | zhu³ | tio² | 丁呂切 | B08-0905 |

①貯に同じ。

| 著 | zhu³ | tio² | 丁呂切 | B08-0906 |

①著任　任地に到着すること。②張慮［tio³］・直略［diak⁴］二切　○著任

| 詝 | zhu³ | tio² | 丁呂切 | B08-0907 |

①聡いこと。

| 袗 | zhu³ | tio² | 丁呂切 | B08-0908 |

①破れ衣。

| 諝 | xu¹ | sio² | 私呂切 | B08-1001 |

①賢者の称。

| 胥 | xu¹ | sio² | 私呂切 | B08-1002 |

①諝に同じ。②又、思余切［sio¹］

| 惰 | xu¹ | sio² | 私呂切 | B08-1003 |

①諝に同じ。

| 稰 | xu³ | sio² | 私呂切 | B08-1004 |

①熟れてから収穫した穀物。

| 醑 | xu³ | sio² | 私呂切 | B08-1005 |

①したみ酒。

| 湑 | xu³ | sio² | 私呂切 | B08-1006 |

①露の多い様。

糈 xu³　　sio²　　私呂切　　B08-1007

①『説文』に「食糧」とある。②又、音所［sio²］

楈 xu¹　　sio²　　私呂切　　B08-1008

①木名。

稰 xu³　　sio²　　私呂切　　B08-1009

①神に供える米。

楮 chu³　　tio²　　丑呂切　　B08-1101

①木名。こうぞの木。

柠 chu³　　tio²　　丑呂切　　B08-1102

①楮に同じ。

褚 chu³　　tio²　　丑呂切　　B08-1103

①姓。河南の出身。本は殷の後裔、宋の恭公子、石は食を綿から採っていた。その徳望は師とすべきものがあった。そこで号して、褚師といった。それに因んで氏姓とした。②又、張呂切［tio²］

女 nü³　　nio²　　尼呂切　　B08-1201

①『禮記』に「女は如なり。男子の教のとうりにする。」とある。②又、尼慮切［nio³］

籹 nü³　　nio²　　尼呂切　　B08-1202

①粔籹　おこし。

○粔籹

許 xu³　　xio²　　虛呂切　　B08-1301

①許可　許す。②くみする。仲間になる。③聞き容れる。④亦、州名。本は許国。大嶽の子孫。周の武王が紂を伐って封ぜられた所。漢は潁川郡とし、周は許州とした。⑤又、姓。高陽汝南の出身。本は姜姓に依る。炎帝の後

裔。大嶽の子孫。その後裔が封ぜられたので、氏姓とした。
　○許可

鄦　xu³　　　xio²　　　虛呂切　　　B08-1302
　①地名。『史記』に出ている。

巨　ju⁴　　　gio²　　　其呂切　　　B08-1401
　①大きい。②亦、姓。漢に巨武がいる。荊州刺史となる。

拒　ju⁴　　　gio²　　　其呂切　　　B08-1402
　①ふせぐ。拒む。②あたる。敵対する。③違う。背く。

秬　ju⁴　　　gio²　　　其呂切　　　B08-1403
　①黒黍。

距　ju⁴　　　gio²　　　其呂切　　　B08-1404
　①鷄距　鷄の蹴爪。
　○鷄距

䮪　ju⁴　　　gio²　　　其呂切　　　B08-1405
　①距に同じ。

炬　ju⁴　　　gio²　　　其呂切　　　B08-1406
　①火炬　松明。
　○火炬

粔　ju⁴　　　gio²　　　其呂切　　　B08-1407
　①粔籹　『新字解訓』に「粔籹は膏環（おこし）」とある。
　○粔籹

虡　ju⁴　　　gio²　　　其呂切　　　B08-1408

①飛虡　天上界の神獣。頭は鹿、体は竜。②『説文』に「鐘鼓の柎（つか）で猛獣の飾りを施してある。」とある。③『釋名』に「柎の横木を枸といい、縦木を虡という」とある。

○飛虡

虞　ju⁴　　　gio²　　　其呂切　　　B08-1409

①虡に同じ。俗に簴に作る。

鐻　ju⁴　　　gio²　　　其呂切　　　B08-1410

①虡に同じ。

鉅　ju⁴　　　gio²　　　其呂切　　　B08-1411

①沢名。②又、大きいこと。

苣　ju⁴　　　gio²　　　其呂切　　　B08-1412

①苣藤　胡麻。

○苣藤

駏　ju⁴　　　gio²　　　其呂切　　　B08-1413

①駏驢　騾馬の牝に牡馬を交配してできた雑種。

○駏驢

蘧　qu²　　　gio²　　　其呂切　　　B08-1414

①苦蘧　けしあざみ。江東では苦蕒という。

○苦蘧

罝　ju⁴　　　gio²　　　其呂切　　　B08-1415

①魚を採る網。

詎　ju⁴　　　gio²　　　其呂切　　　B08-1416

①「豈」　なんぞ・なんすれぞ　反語の助字。②又、音遽［giu³］

| 岠 | ju⁴ | gio² | 其呂切 | B08-1417 |

①『書経』の傳に「至る」とある。

| 齟 | ju⁴ | gio² | 其呂切 | B08-1418 |

①歯茎が腫れる。

| 所 | suo¹ | ṣio² | 踈舉切 | B08-1501 |

①『説文』に「木を伐る時の音。」とある。②『詩経』に「木を伐ること所所」とある。③又、場所、ところ。『詩経』に「公所に献ず。」とある。④亦、姓。漢に諫議大夫、所忠あり。

| 𠩄 | suo¹ | ṣio² | 踈舉切 | B08-1502 |

①所の俗字。

| 糈 | suo¹ | ṣio² | 踈舉切 | B08-1503 |

①祭祀に神に供える米。

| 齭 | chu³ | ṣio² | 踈舉切 | B08-1504 |

①歯が傷んでしみること。②『説文』に「音楚 [tṣio²]」とある。

| 疋 | shu¹ | ṣio² | 踈舉切 | B08-1505 |

①記すこと。②又、山於切 [ṣio¹]

| 盨 | xu³ | ṣio² | 踈舉切 | B08-1506 |

①『説文』に「穦盨　背負い籠の類。」とある。

　○穦盨

| 貹 | shu³ | ṣio² | 踈舉切 | B08-1507 |

①金品を贈呈することを占ってもらうこと。

| 楚 | chu³ | ṣio² | 創舉切 | B08-1601 |

①萇楚　草名。いららぐさ。②亦、荊楚　地域名。湖北・湖南一帯。③又、州。本、漢の射陽県の地。春秋時代、呉や秦に属し、九江郡に属す。

晋代に山陽県となり、唐の武徳年間の始め、楚州に改められた。④又、姓。『春秋左氏伝』に「趙襄子の家臣、楚隆」とある。

○萇楚

礎　　chu³　　ʃio²　　創舉切　　B08-1602

①土台石。

齼　　chu³　　ʃio²　　創舉切　　B08-1603

①歯が傷んでしみること。

齭　　chu³　　ʃio²　　創舉切　　B08-1604

①齼に同じ。

䊪　　chu³　　ʃio²　　創舉切　　B08-1605

①『説文』に「五色の絹が合わさって鮮やかな様。」とある。『詩経』に「衣装が五色合わさって綺麗である。」と用いられている。

褚　　chu³　　ʃio²　　創舉切　　B08-1606

①『埤蒼』に「鮮やかであること」とある。②一説に「衣服の美しい様。」

憷　　chu³　　ʃio²　　創舉切　　B08-1607

①痛むこと。『音譜』にある。

濋　　chu³　　ʃio²　　創舉切　　B08-1608

①川名。

阻　　zu³　　tsio²　　側呂切　　B08-1701

①隔てる。②憂うこと。

俎　　zu³　　tsio²　　側呂切　　B08-1702

①俎豆　祭祀に供物を盛る器。

○俎豆

齟   ju³   dʑio²   牀呂切   B08-1801
①齟齬　上下の歯が合わないこと。
○齟齬

鉏   ju³   dʑio²   牀呂切   B08-1802
①鉏鋙　食い違う。
○鉏鋙

咀   ju³   dzio²   慈呂切   B08-1901
①咀嚼　良く噛みこなす。
○咀嚼

沮   ju³   dzio²   慈呂切   B08-1902
①とどめる。くいとめる。②又、七余［tsʰio¹］・子預［tsio²］二切

怚   ju⁴   dzio²   慈呂切   B08-1903
①驕り昂ぶる。②又、子據切［tsio³］

姐   ju⁴   dzio²   慈呂切   B08-1904
①色白の美しいこと。②『説文』に「美しいこと。」とある。

跙   ju⁴   dzio²   慈呂切   B08-1905
①行き悩むさま。

趄   jie²   dzio²   慈呂切   B08-1906
①斜めに進む。②又、前結切［dziet⁴］

扵   yu³   ɸio²   於許切   B08-2001
①撃つ。

瘀   yu³   ɸio²   於許切   B08-2002

①肩骨。

舉　　ju³　　kio²　　居許切　　B08-2101

①挙げる。両手でさしあげる。②たたせる。③いう。④動く。⑤『説文』は本、「擧」に作る。

筥　　ju³　　kio²　　居許切　　B08-2102

①草名。②亦、国名。③又、姓。　姓の後裔。漢に緱氏令、筥誦がいる。

櫸　　ju³　　kio²　　居許切　　B08-2103

①木名。

筥　　ju⁴　　kio²　　居許切　　B08-2104

①筐筥　　方形の籠と円形の籠。物を盛る竹製の器。

　〇筐筥

簴　　ju³　　kio²　　居許切　　B08-2105

①牛に飼料を与えるかいば籠。

趄　　ju³　　kio²　　居許切　　B08-2106

①行くさま。

弆　　ju³　　kio²　　居許切　　B08-2107

①しまいこむ。

柜　　ju³　　kio²　　居許切　　B08-2108

①柜柳　　木名。瘤柳。

　〇柜柳

郘　　ju³　　kio²　　居許切　　B08-2109

①亭名。長沙郡にある。

舁 ju³　　kio²　　居許切　　B08-2110

①一緒にもち挙げる。

敘 xu⁴　　zio²　　徐呂切　　B08-2201

①順序。②『爾雅』に「敘は緒（いとぐち）である。」とある。③又、姓。

緒 xu⁴　　zio²　　徐呂切　　B08-2202

①基緒　　事業発展の基礎。②『説文』に「いとぐちのこと。」とある。③亦、姓。

○基緒

薁 xu⁴　　zio²　　徐呂切　　B08-2203

①姓。敘・緒・薁三字とも何氏『姓苑』に出ている。

序 xu⁴　　zio²　　徐呂切　　B08-2204

①庠序　　古代の地方の学校。②又、『爾雅』に「建物の東西の壁を序という」とある。

○庠序

潊 xu⁴　　zio²　　徐呂切　　B08-2205

①川の岸辺。

抒 shu¹　　zio²　　徐呂切　　B08-2206

①川の浚渫。②俗に「汙」に作る。③又、神呂切［ʑio²］

嶼 xu³　　zio²　　徐呂切　　B08-2207

①海の小島。

鱮　xu^{4}　zi̯o^{2}　徐呂切　B08-2208

①魚名。

醑　xu^{4}　zi̯o^{2}　徐呂切　B08-2209

①旨酒。②一本には「藇」に作る。③『詩経』に「酒を注ぐに旨酒あり。」とある。

矠　xu^{4}　zi̯o^{2}　徐呂切　B08-2210

①矛。

屐　xu^{4}　zi̯o^{2}　徐呂切　B08-2211

①履物の類。

去　qu^{4}　k̇i̯o^{2}　羌舉切　B08-2301

①除くこと。②『説文』に「大と凵よりなる」とある。③又、丘據切［k̇i̯o^{3}］

麮　qu^{4}　k̇i̯o^{2}　羌舉切　B08-2302

①麦粥。

弆　ju^{3}　k̇i̯o^{2}　羌舉切　B08-2303

①収める。又、音莒［ki̯o^{2}］

蚨　qu^{3}　k̇i̯o^{2}　羌舉切　B08-2304

①蚨蚁　ひき蛙。

○蚨蚁

紶　shu^{1}　k̇i̯o^{2}　羌舉切　B08-2305

①継ぐこと。②又、音踈［ši̯o^{1}］

紓　shu^{1}　ʥi̯o^{2}　神與切　B08-2401

①緩やかなこと。②又、音舒 [ɕio¹]

抒　　shu¹　　　ʑio²　　　神與切　　　B08-2402

①『左傳』に「災難は必ず緩くなる」とある。②抒は除くこと。③又、音序 [zio²]

杼　　shu⁴　　　ʑio²　　　神與切　　　B08-2403

①木名。橡（くぬぎ）

野　　shu⁴　　　ʑio²　　　承與切　　　B08-2501

①田野。②又、與者切 [jia²]

墅　　shu⁴　　　ʑio²　　　承與切　　　B08-2502

①田畑の収穫物を入れる納屋。

皻　　cu¹　　　tɕio²　　　七與切　　　B08-2601

①皴皻　皮膚が破れること。皴割れ。
○皴皻

苴　　ju¹　　　tsio²　　　子與切　　　B08-2701

①履物の中敷き。②又、子余切 [tsio¹]

咀　　ju¹　　　tsio²　　　子與切　　　B08-2702

①咬咀　薬を調合する。②又、慈呂切 [dzio²]
○咬咀

碰　　ju³　　　tsio²　　　子與切　　　B08-2703

①䃖碰　挽臼。
○䃖碰

御　yu⁴　　　　　ngio³　　　牛倨切　　　C09-0101

①治める。②侍る。③進める。④使う。⑤又、姓。『左傳』に「大夫御叔がいる。」とある。

馭　yu⁴　　　　　ngio³　　　牛倨切　　　C09-0102

①馬を御する。

語　yu³　　　　　ngio³　　　牛倨切　　　C09-0103

①話す。②告げる。③又、魚巨切［ngio²］

慮　lu⁴　　　　　lio³　　　良倨切　　　C09-0201

①慮る。考える。②又、姓。

勴　lü⁴　　　　　lio³　　　良倨切　　　C09-0202

①助ける。

簄　lü⁴　　　　　lio³　　　良倨切　　　C09-0203

①船中に人が坐臥できるように敷く敷物の類。座布団の類。『方言』にある。

勴　lü⁴　　　　　lio³　　　良倨切　　　C09-0204

①助ける。②導く。

鑢　lü⁴　　　　　lio³　　　良倨切　　　C09-0205

①研ぐ。磨く。

櫖　lü⁴　　　　　lio³　　　良倨切　　　C09-0206

①林櫖　蔓草の名。葛に似ていて大きい。②林櫖　山林。
　○林櫖

驢　lü⁴　　　　　lio³　　　良倨切　　　C09-0207

①駅伝に用いる馬。

| 壚 | lü⁴ | li o³ | 良倨切 | C09-0208 |

①山名。

| 罟 | lü⁴ | li o³ | 良倨切 | C09-0209 |

①網罟　網。

○網罟

| 據 | ju⁴ | ki o³ | 居御切 | C09-0301 |

①依る。頼る。②おさえる。③引據とする。根拠を引用する。④考える。⑤又、姓。『姓苑』にある。

| 鋸 | ju⁴ | ki o³ | 居御切 | C09-0302 |

①刀鋸　のこぎり。『古史考』に「孟荘子が鋸を作った」とある。

○刀鋸

| 倨 | ju⁴ | ki o³ | 居御切 | C09-0303 |

①倨傲　傲慢不遜。

○倨傲

| 踞 | ju⁴ | ki o³ | 居御切 | C09-0304 |

①うずくまる。しゃがむ。蹲踞。②踑踞　胡座をかいて坐る。

○蹲踞

| 椐 | ju¹ | ki o³ | 居御切 | C09-0305 |

①木名。蛇の木。いぬがやの別名。②又、居［ki o¹］・［ki o¹］二音。

| 鐻 | ju⁴ | ki o³ | 居御切 | C09-0306 |

①古代の楽器。鐘や磬を架け下げる物。両側に柱がある。木製。『埤蒼』にある。②『説文』は「虡」と同じ。

濾　　ju¹　　　kio³　　居御切　　C09-0307

①干上がること。干枯。②又、音遽［gio³］

觲　　ju¹　　　kio³　　居御切　　C09-0308

①獣名。角が鶏の蹴爪に似ている。

鮔　　ju¹　　　kio³　　居御切　　C09-0309

①魚名。

豦　　ju¹　　　kio³　　居御切　　C09-0310

①獣名。大きさは犬くらいで、猿に似ている。首髭、顎髭が多くて、頭を勢い良く奮って、石を持ち挙げ、人に向かって投げつける。建平山に出るといわれている。②又、音渠［gio³］

覷　　qu¹　　　tsio³　　七慮切　　C09-0401

①窺い見る。

䁂　　qu¹　　　tsio³　　七慮切　　C09-0402

①覷に同じ。

耡　　qu¹　　　tsio³　　七慮切　　C09-0403

①耕して土を掘り起こす。②亦、耝に作る。

坥　　qu¹　　　tsio³　　七慮切　　C09-0404

①みみずの糞便。②又、七余切［tsio¹］

胆　　qu¹　　　tsio³　　七慮切　　C09-0405

①蠅の幼虫。蛆虫。②又、七余切［tsio¹］

蜡　qu⁴　　ʦio³　　七慮切　　C09-0406
①『周禮』に「蜡氏」とある。蠅の蛆虫。②又、音乍[ʣa³]

欿　qu⁴　　kio³　　丘倨切　　C09-0501
①丘欿　欠伸。
○丘欿

去　qu⁴　　kio³　　丘倨切　　C09-0502
①離れる。去る。②又、郄呂切[kio²]

麮　qu⁴　　kio³　　丘倨切　　C09-0503
①麦粥。

咕　qu⁴　　kio³　　丘倨切　　C09-0504
①いびき。

鼁　qu⁴　　kio³　　丘倨切　　C09-0505
①鼁鼀　動物名。がまに似ていて陸地に棲む。
○鼁鼀

胠　qu¹　　kio³　　丘倨切　　C09-0506
①脇の下。②又、去魚切[kio¹]

屈　qu⁴　　kio³　　丘倨切　　C09-0507
①閉じる。②又、口荅切[kɒp⁴]

苣　qu¹　　kio³　　丘倨切　　C09-0508
①草名。

鶈　qu⁴　　kio³　　丘倨切　　C09-0509
①鳥名。

| 署 | shu³ | zi o³ | 常恕切 | C09-0601 |

①署名する。②解署　役所。

| 藷 | shu³ | zi o³ | 常恕切 | C09-0602 |

①藷藇　植物名。長芋。②又、音諸 [ɕi o¹]
〇藷藇

| 薯 | shu³ | ɕi o³ | 常恕切 | C09-0603 |

①薯蕷　藷藇の俗字。意同じ。
〇薯蕷

| 曙 | shu³ | ɕi o³ | 常恕切 | C09-0604 |

①あけぼの。夜明け。

| 恕 | shu⁴ | ɕi o³ | 商署切 | C09-0701 |

①仁恕　思いやりがあること。
〇仁恕

| 庶 | shu⁴ | ɕi o³ | 商署切 | C09-0702 |

①あまたの。諸々の。②こいねがう。願い望む。③驕る。④幸せ。⑤庶幾　まさにそうなるであろう。〜ということが期待出来る。⑥亦、姓。

| 摭 | zhe⁴ | ɕi o³ | 商署切 | C09-0703 |

①木名。

| 滹 | shu⁴ | ɕi o³ | 商署切 | C09-0704 |

①川名。

| 著 | zhu⁴ | ti o⁵ | 陟慮切 | C09-0801 |

①明らか。著しい。②居る。着く。③立つ。④補う。⑤成る。⑥定まる。きちんとする。⑦又、張略 [tiak⁴]・長略 [ɟiak⁴] 二切

| 箸 | zhu⁴ | ti o³ | 陟慮切 | C09-0802 |

①箸に同じ。

矗　　zhu⁴　　　ʂio³　　　章恕切　　　C09-0901

①高く飛び挙がる。

翥　　zhu⁴　　　ʂio³　　　章恕切　　　C09-0902

①矗に同じ。

籚　　zhu⁴　　　ʂio³　　　章恕切　　　C09-0903

①筐籚　小さい籠。

○筐籚

䭜　　zhu⁴　　　ʂio³　　　章恕切　　　C09-0904

①犬の粥。②又、豚の食べ物。

蠩　　zhu⁴　　　ʂio³　　　章恕切　　　C09-0905

①蟲名。蟬の類。『爾雅』に「翥醜、母の背を開いて生れてくる。」とある。②或いは煑とも書く。

庶　　shu⁴　　　ʂio³　　　章恕切　　　C09-0906

①『周禮』に「庶氏　毒蟲を除くを掌どる」とある。②又、音恕 [ʂio³]

𦸣　　zhu⁴　　　ʂio³　　　章恕切　　　C09-0907

①蒲器。蒲の葉で編んだ種を盛る器。

嶼　　zhu⁴　　　ʂio³　　　章恕切　　　C09-0908

①山名。番山。

斸　　zhu⁴　　　ʂio³　　　章恕切　　　C09-0909

①撃ち切る。切る。

疏 shu¹ si̥o³ 所去切 C09-1001
①記す。②亦、「踈」とも書く。

楝 shu⁴ si̥o³ 所去切 C09-1002
①裝楝　裝束。②又、色句切［si̥u³］
　○裝楝

昴 shu⁴ si̥o³ 所去切 C09-1003
①明るい。明らか。

飫 yu¹ φio³ 依据切 C09-1101
①飽く。②嫌になる。③賜る。④『説文』に「本、䭿に作る。腹一杯に飲み食いする。」とある。

饇 yu¹ φio³ 依据切 C09-1102
①飫に同じ。

瘀 yu¹ φio³ 依据切 C09-1103
①血瘀　血が溜まる。鬱血。
　○血瘀

鄔 wu¹ φio³ 依据切 C09-1104
①県名。太原にある。②又、音塢［φu²］

醧 yu¹ φio³ 依据切 C09-1105
①私的な宴会。

扜 yu³ φio³ 依据切 C09-1106
①撃つ。

淤	yu¹	ɸio³	依据切	C09-1107

①濁水の中の汚泥。②又音於［ɸio¹］

菸	yan¹	ɸio³	依据切	C09-1108

①煙草。

棜	yu⁴	ɸio³	依据切	C09-1109

①祭器。樽を受ける器。机のようで脚がない。

瘀	yu⁴	ɸio³	依据切	C09-1110

①まどろむ。うたた寝。

箸	zhu⁴	ɸio³	依据切	C09-1201

①匙箸　匙と箸

○匙箸

筯	zhu⁴	dio³	遅据切	C09-1202

①箸に同じ。

潳	zhu⁴	dio³	遅据切	C09-1203

①痴潳　遅鈍。②又、丑御切［ʈio³］

○痴潳

除	chu²	dio³	遅据切	C09-1204

①取り除く。『詩経』にある。

遽	ju⁴	gio³	其據切	C09-1301

①急に。にわかに。②急ぐ。③恐れおののく。④苦しむ。極まる。⑤終る

勮	ju⁴	gio³	其據切	C09-1302

①勤め励む。②恐れる。③俄かに。

詎 ju⁴　　gio³　　其舉切　　C09-1303

①（なんぞ・いずくんぞ。反問の意をあらわす）②又、其呂切〔gio²〕

醵 ju⁴　　gio³　　其舉切　　C09-1304

①銭を出し合って酒を飲む。②又、音渠〔gio¹〕 ③又、其虐切〔giak⁴〕

澽 ju⁴　　gio³　　其舉切　　C09-1305

①乾澽　　干上がること。

○乾澽

絮 xu⁴　　sio³　　息據切　　C09-1401

①『説文』に「種をとってふんわりとさせた綿。」とある。②又、抽據〔tio³〕・尼恕〔nio³〕二切

助 zhu⁴　　dzio³　　牀據切　　C09-1501

①助ける。②多くなる。

鋤 chu²　　dzio³　　牀據切　　C09-1502

①（鋤鍬の類。）②又、士魚切〔dzio¹〕

麆 zhu⁴　　dzio³　　牀據切　　C09-1503

①獣名。のろ、くじかの子。『爾雅』に「麌は牡麇と牝麌とあり、その子を麆という。」とある。

怚 ju⁴　　tsio³　　將預切　　C09-1601

①驕りたかぶる。

沮 ju⁴　　tsio³　　將預切　　C09-1602

①沮洳　　だんだんと湿って来ること。②又、洳に作る。

詛　zu³　　ʦio³　　荘助切　　C09-1701

①呪詛　呪う。人に災いあれかしと祈る。②亦、䛣に作る。

○呪詛

阻　zhu⁴　　ʦio³　　荘助切　　C09-1702

①馬阻蹄　真っ直ぐ歩けないこと。一説に馬蹄痛病とある。②又、荘所切 [ʦio²]

○馬阻蹄

洳　ru⁴　　ȵio³　　人恕切　　C09-1801

①沮洳　だんだん湿って来ること。②『説文』には「浡に作り、段々に湿って来る。」とある。

茹　ru²　　ȵio³　　人恕切　　C09-1802

①牛に餌をやる。②又、菜茹　蔬菜のこと。

○菜茹

如　ru²　　ȵio³　　人恕切　　C09-1803

①（～の如く・～のとうり）②又、尓諸切 [ȵio¹]

豫　yu⁴　　jio³　　羊洳切　　C09-1901

①楽しむ。②予め備える。事前に。③弁える。④前もって。⑤安じる。⑥厭う。⑦述べる。順序を立てて述べる。⑧又、州名。『尚書』・禹貢に「荊河を豫州となす。」とある。『釋名』に「豫州は九州の中、京師の東に在り、常に安豫なり。」とある。秦は三川郡となし、漢は河南郡とし、後魏は司州を置き、又改めて豫州とした。⑨亦、獸名。象の類。⑩又、姓。晋に豫譲がいる。

預　yu⁴　　jio³　　羊洳切　　C09-1902

①安らか。②先んずる。③そばだてる。④楽しむ。⑤逸楽。⑥厭う。⑦怠る。

譽　yu⁴　　jio³　　羊洳切　　C09-1903

①褒め称える。②又、姓。『晋書』に「平原太守礜粹がいる。」とある。③又、音余［ji o¹］

礜　　yu¹　　　　ji o³　　　羊洳切　　C09-1904

①礜石　藥名。毒砂ともいう。蚕がこれを食すれば肥え、鼠がこれを食すれば死す。

○礜石

䮝　　yu⁴　　　　ji o³　　　羊洳切　　C09-1905

①馬が疾走する様。

輿　　yu²　　　　ji o³　　　羊洳切　　C09-1906

①車輿　車。②又、方輿　縣名。③又、音余［ji o¹］
○車輿

鸒　　yu⁴　　　　ji o³　　　羊洳切　　C09-1907

①鳥名。『爾雅』に「鸒斯鴉鵐。」とある。郭璞は「雅鳥なり。体は小く、群れをなしていて、腹の下は白」とある。

念　　yu¹　　　　ji o³　　　羊洳切　　C09-1908

①喜悦。

麌　　yu¹　　　　ji o³　　　羊洳切　　C09-1909

①獸名。大鹿。

㯯　　yu¹　　　　ji o³　　　羊洳切　　C09-1910

①食物を持ち挙げて運ぶ器具。②或は轝に作る。

蕷　　yu¹　　　　ji o³　　　羊洳切　　C09-1911

①藷蕷　長芋。②又、音序［zi o¹］
○藷蕷

蕷　　yu⁴　　　　ji o³　　　羊洳切　　C09-1912

①薯蕷　長芋の俗称。

穛　yu⁴　　jio³　　羊洳切　　C09-1913

①穛穛　黍類が美しく育っている様。

○穛穛

屣　xu⁴　　jio³　　羊洳切　　C09-1914

①履の類。

忬　yu⁴　　jio³　　羊洳切　　C09-1915

①安らかなこと。

歟　yu²　　jio³　　羊洳切　　C09-1916

①感嘆を表わす助辞。②又、音余〔jio¹〕

悇　yu²　　jio³　　羊洳切　　C09-1917

①憂い恐れる。

與　yu⁴　　jio³　　羊洳切　　C09-1918

①參與　ある事に預かり加わる事。

○參與

澦　yu⁴　　jio³　　羊洳切　　C09-1919

①灩澦　川名。

墺　yu⁴　　jio³　　羊洳切　　C09-1920

①高い平地。高台。

噓　xu¹　　χio³　　許御切　　C09-2001

①吹噓　緩やかに息を吐く。溜め息をつく。

| 女 | nü³ | nio³ | 尼據切 | C09-2101 |

①嫁入りさせる。

| 絮 | nü⁴ | nio³ | 尼據切 | C09-2102 |

①姓。漢に絮舜がいる。

| 楚 | chu³ | ʧio³ | 狀據切 | C09-2201 |

①鮮やかなさま。はっきりしている。②木名。歷山に産す。③又、瘡所切［ʧio²］

| 憷 | chu⁴ | ʧio³ | 狀據切 | C09-2202 |

①滑らないこと。

| 處 | chu⁴ | ʧio³ | 昌據切 | C09-2301 |

①所、場所。②又、音杵［ʧio²］

| 処 | chu⁴ | ʧio³ | 昌據切 | C09-2302 |

①處の俗字。

| 絮 | xu⁴ | ʨio³ | 抽據切 | C09-2401 |

①味をつける。あんばいする。

| 悇 | tu² | ʨio³ | 抽據切 | C09-2402 |

①憂懼　憂うる。

| 瘵 | zhu⁴ | ʨio³ | 抽據切 | C09-2403 |

①痴瘵　遲鈍
○痴瘵

| 尀 | xu⁴ | zio³ | 徐預切 | C09-2501 |

①履の類。

虞　　yu²　　ngiu¹　　遇倶切　　AI10-0101

①謀る。②『説文』に「騶虞は仁獸なり。白虎で、黒い斑ら模様、尾は身の丈より長く、生き物は食べない。」とある。②俗字驥に作る。③又、『周禮』に「山虞、澤虞は山澤を司る官である。」とある。④亦、姓。会稽・済陽の二名家の出。⑤『風俗通』に「凡そ氏の興・九・事・一氏は、號における唐・虞・夏・殷といったものと同じである。」とある。

驥　　yu²　　ngiu¹　　遇倶切　　AI10-0102

①虞の俗字。意も同じ。

愚　　yu²　　ngiu¹　　遇倶切　　AI10-0103

①愚惷　愚かである。②『説文』に「愚かである。心と禺からなる。禺は母猿。獸の愚かなものの類。」とある。
①愚惷

娛　　yu²　　ngiu¹　　遇倶切　　AI10-0104

①娛楽　楽しみ。

○娛楽

澞　　yu²　　ngio¹　　遇倶切　　AI10-0105

①斉の沼沢の名。②亦、隅に作る。③『爾雅』に「斉に海澞有り」とある。④又、川名。襄国に在る。

堣　　yu²　　ngiu¹　　遇倶切　　AI10-0106

①堣夷　地名。日の出る所。嵎とも書く。

䳩　　yu²　　ngiu¹　　遇倶切　　AI10-0107

①鳥名。梟に似ていて、人間の顔に似ている。四つ目で耳がある。これが現れると天下は日照り・旱害あり。『山海経』に出ている。

嵎　　yu²　　ngiu¹　　遇倶切　　AI10-0108

①山名。呉に在る。

髃　yu²　　　　ngi u¹　　　　遇俱切　　　　AI10-0109

①骨名。腕の前部にある。②又、五荷切〔ngəu²〕

禺　yu²　　　　ngi u¹　　　　遇俱切　　　　AI10-0110

①県名。番禺県、南海に在る。②亦、姓。『姓苑』に出ている。③本、又、音遇〔ngi u³〕, 母猿の類。

隅　yu²　　　　ngi u¹　　　　遇俱切　　　　AI10-0111

①すみ。かど。②片田舎。

鶶　yu²　　　　ngi u¹　　　　遇俱切　　　　AI10-0112

①鳥名。水鳥。禿鶖に似ている。

鰅　yu²　　　　ngi u¹　　　　遇俱切　　　　AI10-0113

①魚名。体に模様が有る。楽浪に出る。

鋙　yu²　　　　ngi u¹　　　　遇俱切　　　　AI10-0114

①鋸。

澞　yu²　　　　ngi u¹　　　　遇俱切　　　　AI10-0115

①丘陵の間の渓流。『爾雅』に「山と山との間の流れを澗といい、丘陵と丘陵との間の渓流を澞という。」とある。

蝺　yu²　　　　ngi u¹　　　　遇俱切　　　　AI10-0116

①虫名。『捜神記』に「蝳蝺 蝉に似ていて長い、味は辛くて美味しい。食べれる。一名、青蚨ともいう」とある。②『異物志』に「蝳蝺の子は蚕の子のようで、草の葉について、子を得る。母虫が飛んできてその子につきそう。

煜　yu²　　　　ngi u¹　　　　遇俱切　　　　AI10-0117

①器一杯食物を煮る。

齵　yu²　　　　ngi u¹　　　　遇俱切　　　　AI10-0118

①歯が抜けて再び生えてくる事。

鸆 yu² ngi̯u¹ 遇俱切 AI10-0119

①鳥名。鶏鸆 一名䴂澤。護田鳥。

䣝 yu² ngi̯u¹ 遇俱切 AI10-0120

①地名。

芻 chu² tṣ̌i̯u¹ 測隅切 AI10-0201

①芻豢 草をたべる家畜の牛や羊（芻）、米を食べる家畜の犬や豚の類。『説文』は「草を刈る事」とある。②俗字は蒭に作る。③亦、姓。何氏『姓苑』に出ている。

犓 chu² tṣ̌i̯u¹ 測隅切 AI10-0202

①牛を飼育する事。

無 wu² mi̯u¹ 武夫切 AI10-0301

①有無 なし。②亦、漢の複姓。二氏有り。楚の熊渠之の後裔が無庸と号す。その後、氏姓とした。又、無鉤氏がいる。楚の姓から出た。

毋 wu² mi̯u¹ 武夫切 AI10-0302

①禁止の辞。②亦、姓。毋丘、或は毋氏となす。③又、漢の複姓。八氏あり。『漢書・貨殖傳』に「毋鹽氏、巨万の富あり。斉の毋鹽邑大夫の後裔。漢に執金吾、東海の毋将隆あり、将　大工の棟梁毋丘興をつくった。」とある。④『風俗通』に「楽安に毋車伯奇あり、下邳の相となった。主簿歩邵南あり。時の人は毋車府君歩主簿といった。」とある。⑤何氏・『姓苑』に「毋終氏」あり。⑥『左傳』に「魯の大夫茲毋還、晋の大夫　毋張」あり。⑦『漢書』に「巨毋霸あり、王莽改めて巨毋氏とした。」とある。

瞴 wu³ mi̯u¹ 武夫切 AI10-0303

①瞴䁲 眉目秀麗。②又、亡撫切 [mu²]
○瞴䁲

膴 wu³ mi̯u¹ 武夫切 AI10-0304

①骨のない干肉。②又、荒烏 [χu¹]・亡甫 [mu²] 二切

蕪　wu² 　　　mju¹ 　　　武夫切　　　AI10-0305

　①荒蕪　あれはてて、草がぼうぼうと茂っていること。

　○荒蕪

誣　wu¹　　　mju¹ 　　　武夫切　　　AI10-0306

　①誣枉　話が虚妄で、真実味がない。

　㊀誣枉

巫　wu¹　　　mju¹ 　　　武夫切　　　AI10-0307

　①巫覡　神や霊魂をよびだす人。巫は女、覡は男。『周禮・春官』に「司巫、羣巫の政令を司る。もし国に旱害があれば、巫を引き連れて、雨乞いの舞を舞わせる。②又、姓。『風俗通』に「凡そ仕事を氏姓とするものは、巫、卜、陶、匠がこれである。漢に冀州刺史巫捷がいる。」とある。

莁　wu² 　　　mju¹ 　　　武夫切　　　AI10-0308

　①莁荑　木名。大果楡。

　○莁荑

璑　wu² 　　　mju¹ 　　　武夫切　　　AI10-0309

　①玉名。三采玉。（朱・白・蒼の三色ある。玉質がそれぞれ違う。悪玉。）

陚　wu² 　　　mju¹ 　　　武夫切　　　AI10-0310

　①地名。弘農に在る。

籱　wu² 　　　mju¹ 　　　武夫切　　　AI10-0311

　①黒い皮の竹。

鵐　wu² 　　　mju¹ 　　　武夫切　　　AI10-0312

　①鵐鴮　鳥名。

　○鵐鴮

舞　wu² 　　　mju¹ 　　　武夫切　　　AI10-0313

①網の類。②又、音武 [mi̯u²]

螐　wu²　　　mi̯u¹　　　武夫切　　　AI10-0314

①『爾雅』に「蜘蛛」とある。②又、音牟 [mi̯əu¹]

○䗥螐

慔　wu³　　　mi̯u¹　　　武夫切　　　AI10-0315

①『爾雅』に「愛」とある。②又、音武 [mi̯u²]

无　wu²　　　mi̯u¹　　　武夫切　　　AI10-0316

①虚无の道。②又、漢の複姓。『左傳』に「莒に大夫无婁修胡がいる。」とある。

㱑　wu²　　　mi̯u¹　　　武夫切　　　AI10-0317

①虚ろなさま。

譕　wu²　　　mi̯u¹　　　武夫切　　　AI10-0318

①誑かしの言葉。

墲　wu²　　　mi̯u¹　　　武夫切　　　AI10-0319

①塚。土を大きく盛った墓。

鵐　wu²　　　mi̯u¹　　　武夫切　　　AI10-0320

①鳥名。　しとど。雀の類。

憮　wu³　　　mi̯u¹　　　武夫切　　　AI10-0321

①空しい。②又、音武 [mi̯u²]

䍉　wu³　　　mi̯u¹　　　武夫切　　　AI10-0322

①雉網。雉を捕獲するのに用いる網。

于　　　yu²　　　ɣi u¹　　　羽俱切　　　AI10-0401

①ああ。ここに。発語の助字。②〜に。〜において。文首・文中に用いる助字。③『説文』は本、亐に作る。凡そ「于」を構成要素としてもつ字は「亐」としても同じである。④又、姓。周の武王の子、邘叔の子孫は、国名を以て氏とした。その後裔は邑を去って、一字の于となる。漢に丞相、東海の于定国がいる。。又、河南の名家の出で、『後魏書』に「万忸于氏、後に改めて于氏となる。」とある。凡そ、多くの姓の名家で、後になって、河南の出と称する者は、皆、虜姓である。後魏の孝文帝は南遷を詔した者であるが、死んでも北に帰ることが出来ず、洛陽に葬むられた。そこで、虜姓の者は皆、河南の出と称した。⑤又、漢の複姓。五氏あり。後漢の特進、漁陽の鮮于輔、袁紹の大将軍、淳于瓊、劉元海太史令、于修之、何氏『姓苑』に「多于氏、闘于氏」あり。

迂　　　yu¹　　　ɣi u¹　　　羽俱切　　　AI10-0402

①遠い。②曲げる。③又、憂俱切［ɸi u¹］

盂　　　yu²　　　ɣi u¹　　　羽俱切　　　AI10-0403

①盤盂　『説文』に「飯器（飯を盛る器）」とある。②又、姓。『左傳』に「晉に盂丙がいる。」とある。

○盤盂

邘　　　yu²　　　ɣi u¹　　　羽俱切　　　AI10-0404

①地名。河内にある。②又、姓。漢に邘侯がいる。上谷の太守となる。

雩　　　yu²　　　ɣi u¹　　　羽俱切　　　AI10-0405

①雨乞いの祭の名。②又、況于切［χi u¹］

翤　　　yu²　　　ɣi u¹　　　羽俱切　　　AI10-0406

①飛ぶさま。『説文』に「雩は羽舞（舞楽の名）なり。或いは羽を構成要素として持つ。」とある。　②雩に同じ。

竽　　　yu²　　　ɣi u¹　　　羽俱切　　　AI10-0407

①笙竽　『世本』に「芋としているのに従う」とある。

玗　　　yu²　　　ɣi u¹　　　羽俱切　　　AI10-0408

①玉名。

芋　yu¹　　ɣiu¹　　羽倶切　　AI10-0409

①草が盛んに茂るさま。②又、王遇切 [ɣiu³]

汙　yu²　　ɣiu¹¹　　羽倶切　　AI10-0410

①川名。②又、屋孤 [ɸu¹]・烏故 [ɸu³] 二切

醧　yu¹　　ɣiu¹　　羽倶切　　AI10-0411

①宴のこと。

扜　yu²　　ɣiu¹　　羽倶切　　AI10-0412

①因扜　匈奴の地名。

釪　yu²　　ɣiu¹　　羽倶切　　AI10-0413

①錞釪　形は鐘に似ており、太鼓と和して奏する。

裦　yu²　　ɣiu¹　　羽倶切　　AI10-0414

①礼服の類。垂れ衣。

骬　yu²　　ɣiu¹　　羽倶切　　AI10-0415

①䯏骬　胸骨。一説によると缺盆骨。
○䯏骬

蕐　hua²　　ɣiu¹　　羽倶切　　AI10-0416

①『説文』に「草木に咲く花」とある。

諤　yu²　　ɣiu¹　　羽倶切　　AI10-0417

①妄言。いつわり。

靬	yu²	ɣiu¹	羽俱切	AI10-0418

①車輪の巻き皮。

| 㓛 | yu² | ɣiu¹ | 羽俱切 | AI10-0419 |

①窓㓛　床。

○窓㓛

| 葟 | yu² | ɣiu¹ | 羽俱切 | AI10-0420 |

①葟葟　菜名。韮ににている。

○葟葟

| 訏 | xu¹ | ɕiu¹ | 況于切 | AI10-0501 |

①大きいこと。

| 吁 | xu¹ | ɕiu¹ | 況于切 | AI10-0502 |

①嘆く。

| 雩 | yu² | ɕiu¹ | 況于切 | AI10-0503 |

①雩婁　古の県名。盧江にある。

| 欨 | yu¹ | ɕiu¹ | 況于切 | AI10-0504 |

①吷欨　食べたがる様。②一説には笑うこととある。③又、況宇切［ɕiu²］

○吷欨

| 疞 | xu¹ | ɕiu¹ | 況于切 | AI10-0505 |

①病気。

| 盱 | xu¹ | ɕiu¹ | 況于切 | AI10-0506 |

①見上げる。②盱眙　県名。楚州にある。

祇　xu¹　　　　χi u¹　　　況于切　　AI10-0507
　①幅広の裳

煦　xu¹　　　　χi u¹　　　況于切　　AI10-0508
　①笑う様。

姁　xu¹　　　　χi u¹　　　況于切　　AI10-0509
　①姁婾　美しい姿。
　〇姁 婾

昫　xu³　　　　χi u¹　　　況于切　　AI10-0510
　①殷の冠の名。②又、音詡 [χi u³]

扜　yu¹　　　　χi u¹　　　況于切　　AI10-0511
　①『説文』に「指揮」とある。②又、憶倶切 [ʔi u¹]

芛　hua²　　　　χi u¹　　　況于切　　AI10-0512
　①草木の花。

荂　fu¹　　　　χi u¹　　　況于切　　AI10-0513
　①芛に同じ。②又、音敷 [fu u¹]

忬　xu¹　　　　χi u¹　　　況于切　　AI10-0514
　①憂うる。

醧　yu¹　　　　χi u¹　　　況于切　　AI10-0515
　①酒宴。

旴　xu¹　　　　χi u¹　　　況于切　　AI10-0516
　①日の出の様。

鞃　yu²　　　χiu¹　　　況于切　　　AI10-0517

　①鞃鞄　なめし革。
　○鞃鞄

欨　xu¹　　　χiu¹　　　況于切　　　AI10-0518

　①欨楽　喜び楽しむ。
　○欨樂

虖　hu¹　　　χiu¹　　　況于切　　　AI10-0519

　虎が吼えること。②又、虎乎切［χu¹］

欘　xu¹　　　χiu¹　　　況于切　　　AI10-0520

　①農具の一。鋤。②又、矩于切［kiu¹］

衢　qu²　　　giu¹　　　其俱切　　　AI10-0601

　①街衢　四辻。『爾雅』に「四達（四辻）を衢という。」とある。
　○街衢

劬　qu²　　　giu¹　　　其俱切　　　AI10-0602

　①苦労する。疲れる。

軥　qu²　　　giu¹　　　其俱切　　　AI10-0603

　①車軛（くびき。車のながえの横木）

氍　qu²　　　giu¹　　　其俱切　　　AI10-0604

　①『聲類』に「氍毹は毛席（毛織りの敷物）」とある。『通俗文』に「毛織りの敷物を氍毹という。」とある。②亦、毬に作る。
　○氍毹

朐　qu²　　　giu¹　　　其俱切　　　AI10-0605

　①脯（ほじし。鳥獣の肉を切って干したもの。）②一説に「曲がること。」

③亦、山名。東海にある。④又、姓。『姓苑』にある。

昫 xu³　　gi u¹　　其俱切　　AI10-0606
①地名。河東にある。

朐 qu²　　gi u¹　　其俱切　　AI10-0607
①痩せること。

癯 qu²　　gi u¹　　其俱切　　AI10-0608
①朐に同じ。

鴝 qu²　　gi u¹　　其俱切　　AI10-0609
①鴝鵒　鳥名。ははっ鳥。九官鳥の一種。②亦、鸜 に作る。③『周禮』に「鸜鵒は濟水を越えることはない。」とある。
　○鴝鵒

鸜 qu²　　gi u¹　　其俱切　　AI10-0610
①鴝に同じ。②亦、鸜鵒。③又、漢の複姓。『莊子』に「鸜鵲子」がいる。

濯 qu²　　gi u¹　　其俱切　　AI10-0611
①川名。汝南にある。

躍 qu²　　gi u¹　　其俱切　　AI10-0612
①行く様。『楚辞』に「右は蒼龍の躍躍たる。」とある。
　○躍躍

躣 qu²　　gi u¹　　其俱切　　AI10-0613
①躍に同じ。

騀 qu²　　gi u¹　　其俱切　　AI10-0614

①馬の左脚の白いもの。『爾雅』に「後足が皆白いもの。」とある。②別本に「鮈」に作る。

鼩　qu²　　　giu¹　　　其俱切　　　AI10-0615

①鼱鼩　土鼠。小鼠。

○鼱鼩

蘧　qu²　　　giu¹　　　其俱切　　　AI10-0616

①蘧麦　草名。撫子。②又、巨居切〔gio¹〕

○蘧麦

劬　qu²　　　giu¹　　　其俱切　　　AI10-0617

①鍬、鍬の類。

句　ju¹　　　giu¹　　　其俱切　　　AI10-0618

①冤句　県名。曹州にある。②又、九遇〔kiu³〕・古侯〔kəu¹〕二切

蠷　qu²　　　giu¹　　　其俱切　　　AI10-0619

①蠷螋蟲　蟲名。はさみ虫。

○蠷螋蟲

瞿　qu²　　　giu¹　　　其俱切　　　AI10-0620

①鋭い目付き。②又、姓。王僧孺の『百家譜』に「裴桃児が蒼梧の瞿寶の娘を娶った。」とある。又、瞿曇氏がいた。西国の姓である。③又、九遇切〔kiu³〕

欋　qu²　　　giu¹　　　其俱切　　　AI10-0621

①『釋名』に「斉や魯では四つ手の熊手を欋という。」とある。

蒟　qu¹　　　giu¹　　　其俱切　　　AI10-0622

①『爾雅』に「蒟は芛蒘（きんま・香料の原木）」とある。

鵋   qu²   giu¹   其俱切   AI10-0623
①鳥の羽。

翑   qu²   giu¹   其俱切   AI10-0624
①鵋に同じ。

蚼   qu²   giu¹   其俱切   AI10-0625
① 蚼蟓 蚍蜉。大蟻のこと。
○蚼蟓

䵶   qu²   giu¹   其俱切   AI10-0626
①蛙の類。『説文』に「頭に二つの角がある。遼東に産す。」とある。②亦、䵶 に作る。䵶音奚〔ɣiei¹〕

趜   qu²   giu¹   其俱切   AI10-0627
①走りながら振り向く。

趉   qu²   giu¹   其俱切   AI10-0628
①趜に同じ。

朐   qu²   giu¹   其俱切   AI10-0629
①ほじし。脯。

絇   qu²   giu¹   其俱切   AI10-0630
①履先の飾り。

屨   qu²   giu¹   其俱切   AI10-0631
①絇に同じ。

䀇   qu²   giu¹   其俱切   AI10-0632

①『声類』に「樹木を植える。」とある。

礶 qu² gi̯u¹ 其俱切 AI10-0633

①磩礶　青礶（青い石）
○磩礶

戵 qu² gi̯u¹ 其俱切 AI10-0634

①矛の類。

鑺 qu² gi̯u¹ 其俱切 AI10-0635

①戵に同じ。

姁 xu³ gi̯u¹ 其俱切 AI10-0636

①姁然　楽しむ。②又、況羽切[xi̯u²]
○姁然

儒 ru² ȵi̯u¹ 人朱切 AI10-0701

①柔らかい。

獳 ru² ȵi̯u¹ 人朱切 AI10-0702

①朱獳　獣名。狐に似ていて魚翼（鰭のようなもの）がある。現れると国に異変が起こる。②又、女侯切[nəu¹]
○朱獳

濡 ru² ȵi̯u¹ 人朱切 AI10-0703

①川名。涿郡に源を発する。②又、霑濡　濡れる。
○霑濡

襦 ru² ȵi̯u¹ 人朱切 AI10-0704

①『説文』に「短い着物」とある。②俗に襖に作る。

懦　nuo⁴　　　ȵi̯u¹　　　人朱切　　　AI10-0705

①弱い。軟弱。②又、乃亂切 [nuan³]

嚅　ru²　　　ȵi̯u¹　　　人朱切　　　AI10-0706

①囁嚅　口数が多い。

○囁嚅

鱬　ru²　　　ȵi̯u¹　　　人朱切　　　AI10-0707

①朱鱬　魚名。人面魚。

○朱鱬

麛　nuan¹　　　ȵi̯u¹　　　人朱切　　　AI10-0708

①鹿の子。②又、相俞切 [si̯u¹]

嬬　ru²　　　ȵi̯u¹　　　人朱切　　　AI10-0709

①妻。

繻　ru²　　　ȵi̯u¹　　　人朱切　　　AI10-0710

①薄織りの絹。『易経』に「繻を羽織ったが、その下の衣が破れているのが見えた。」とある。②亦、『周礼』の注に見える。③又、音須 [si̯u¹]

顬　ru²　　　ȵi̯u¹　　　人朱切　　　AI10-0711

①顳顬　こめかみ。耳の付け根の上にある物を噛むと動く部分。

○顳顬

燸　ru²　　　ȵi̯u¹　　　人朱切　　　AI10-0712

①炎の色。

臑　ru²　　　ȵi̯u¹　　　人朱切　　　AI10-0713

①柔らかな様。

醹　ru² 　　　 ʐi u¹ 　　　人朱切　　 AI10-0714

①濃厚な酒。②又、音乳 [ʐi u²]

甊　ruan³　　　 ʐi u¹ 　　　人朱切　　 AI10-0715

①鞣し皮。②又、而袞切 [ʐi wɛn²]

䰰　ru²　　　 ʐi u¹ 　　　人朱切　　 AI10-0716

①魑魅魍魎の声。凄惨な泣き声。②又乃侯切 [nəu¹]

○䰰䰰

須　xu¹　　　 sj u¹ 　　　相兪切　　 AI10-0801

①求める気持ち。②『説文』に「髭のこと」とある。③俗に鬚に作る。④又、姓。『風俗通』に「太昊の後裔とある。」『史記』に「魏に須賈がいる」とある。⑤又、漢の複姓。『左傳』に「遂人の四族に須遂氏がいる。」とある。⑥又、虜の複姓。匈奴の貴族の姓に須卜氏がある。

鬚　xu¹　　　 sj u¹ 　　　相兪切　　 AI10-0802

①須の俗字。

嬃　xu¹　　　 sj u¹ 　　　相兪切　　 AI10-0803

①女子につける字。

頿　xu¹　　　 sj u¹ 　　　相兪切　　 AI10-0804

①佇む。

𩑒　xu¹　　　 sj u¹ 　　　相兪切　　 AI10-0805

①頿に同じ。

繻　xu¹　　　 sj u¹ 　　　相兪切　　 AI10-0806

①薄織りの絹。

— 73 —

繻　xu¹　　siu¹　　相兪切　　AI10-0807

①頭繻　髻を結ぶ布。
○頭須巾

麛　nuan⁴　　siu¹　　相兪切　　AI10-0808

①鹿の子。②又、音儒［ȵiu¹］

需　xu¹　　siu¹　　相兪切　　AI10-0809

①卦名。

娶　qu³　　siu¹　　相兪切　　AI10-0810

①荀卿子は「閭が子奢を娶ったのは莫の媒酌による。」という。②又、七句切［tsiu³］

綸　xu¹　　siu¹　　相兪切　　AI10-0811

①衫綸　絹の衣。
○衫綸

蕦　xu¹　　siu¹　　相兪切　　AI10-0812

①草名。酸葉の別名。

繻　xu¹　　siu¹　　相兪切　　AI10-0813

①錠前に挿しこんで開けるほうをいう。

隃　xu¹　　siu¹　　相兪切　　AI10-0814

①北方の山名。②又、式注［siu³］・朱二［ti³］二切

株　zhu¹　　tiu¹　　陟輸切　　AI10-0901

①木の根。

誅　zhu¹　　tiu¹　　陟輸切　　AI10-0902

①責めること。『釋名』に「罪が他に及ぶこと。誅は株なり。大樹の枝や葉がすっかり落ちてしまうことのようである。」とある。

邾　　　zhu¹　　　ṭi u¹　　　陟輸切　　　AI10-0903

①国名。

鼄　　　zhu¹　　　ṭi u¹　　　陟輸切　　　AI10-0904

①鼅鼄　蜘蛛。②又、蜘蛛に作る。
　○鼅鼄

蛛　　　zhu¹　　　ṭi u¹　　　陟輸切　　　AI10-0905

①鼄に同じ。

趎　　　zhu¹　　　ṭi u¹　　　陟輸切　　　AI10-0906

①行くさま。

袾　　　zhu¹　　　ṭi u¹　　　陟輸切　　　AI10-0907

①『字統』に「赤い衣服」とある。②又、昌朱切［tɕi u¹］

殊　　　zhu¹　　　ṭi u¹　　　陟輸切　　　AI10-0908

①殊殺　殺すこと。字は歹扁からなる。歹・五割切［ngθt⁴］
　①殊殺

殶　　　zhu¹　　　ṭi u¹　　　陟輸切　　　AI10-0909

①殊に同じ。

鴸　　　zhu¹　　　ṭi u¹　　　陟輸切　　　AI10-0910

①鳥名。梟に似ていて、人の頭の格好をしている。

䊶　　　zhu¹　　　ṭi u¹　　　陟輸切　　　AI10-0911

①粘るさま。

貙　　　chu¹　　　ȶiu¹　　　敕俱切　　　AI10-1001
　①獸名。狸に似ている。

貙　　　chu¹　　　ȶiu¹　　　敕俱切　　　AI10-1002
　①貙の俗字。

殊　　　shu¹　　　ʑiu¹　　　市朱切　　　AI10-1101
　①異なる。②死ぬ。

銖　　　zhu¹　　　ʑiu¹　　　市朱切　　　AI10-1102
　①錙銖　　僅か。少し。八銖を錙とし、二十四銖を両とする。
　○錙銖

洙　　　zhu¹　　　ʑiu¹　　　市朱切　　　AI10-1103
　①川名。魯にある。

茱　　　zhu¹　　　ʑiu¹　　　市朱切　　　AI10-1104
　①茱萸　　かわはじかみ。
　○茱萸

瓨　　　shu¹　　　ʑiu¹　　　市朱切　　　AI10-1105
　①小さい甕。

殳　　　shu¹　　　ʑiu¹　　　市朱切　　　AI10-1106
　①兵器。『釋名』に「殳は殊（斷つ。斷ち切る。）なり。長さ一丈二尺。刃なし。兵車上に突くところがあって、人を分斷する。」とある。『詩経』に「我が夫は殳を手に持ち、」とある。②又、姓。『書経・舜典』に「殳折」が出ている。

𠘧　　　shu¹　　　ʑiu¹　　　市朱切　　　AI10-1107
　①殳に同じ。『道書』に出ている。

朱　　shu¹　　ži u¹　　市朱切　　AI10-1108

①朱褸　　堰板。水の流れを堰とめる板。

○朱褸

殳　　shu¹　　ži u¹　　市朱切　　AI10-1109

①八角の杖。

陎　　shu¹　　ži u¹　　市朱切　　AI10-1110

①陎褸　　県名。

几　　shu¹　　ži u¹　　市朱切　　AI10-1111

①『説文』に「短い羽の鳥が飛ぶ様。象形」とある。

○几几

投　　shu¹　　ži u¹　　市朱切　　AI10-1112

①『説文』に「軍中の兵士が持っている　（杖矛）。『司馬法』に「羽飾りをつけており、殳に従う」とある。

逾　　yu²　　ji u¹　　羊朱切　　AI10-1201

①越える。

踰　　yu²　　ji u¹　　羊朱切　　AI10-1202

①逾に同じ。

窬　　yu²　　ji u¹　　羊朱切　　AI10-1203

①門の傍らにある小さなくぐり戸。②又、穿窬　　塀・壁に穴を開けて中に忍び込むこと。

○穿窬

臾　　yu²　　ji u¹　　羊朱切　　AI10-1204

①善い。②須臾　　暫く。③又、姓。『左傳』に「晋の大夫史騅」とある。
○須臾

楰　　yu²　　　　　ji u¹　　　羊朱切　　　AI10-1205
①木名。②又、音　［ji u²］

腴　　yu²　　　　　ji u¹　　　羊朱切　　　AI10-1206
①肥腴　土地の肥えていること。
○肥腴

諛　　yu²　　　　　ji u¹　　　羊朱切　　　AI10-1207
①諂諛　へつらうこと。
○諂諛

隃　　yu²　　　　　ji u¹　　　羊朱切　　　AI10-1208
①隃糜　古代の県名。扶風にあった。

崳　　shu¹　　　　　ji u¹　　　羊朱切　　　AI10-1209
①地名。涿郡にある。②又、音輸［ṣi u¹］

覦　　yu²　　　　　ji u¹　　　羊朱切　　　AI10-1210
①覬覦　願う。分外の望み。
○覬覦

𨵦　　yu²　　　　　ji u¹　　　羊朱切　　　AI10-1211
①窺い見る。

俞　　yu²　　　　　ji u¹　　　羊朱切　　　AI10-1212
①然り。応諾の辞。②答える。③『説文』は俞に作る。丸木舟のこと。④又、姓。⑤又、恥呪切［ṭi eu³］

歈　　　yu² 　　　　　jiu¹ 　　　　羊朱切　　　　　AI10-1213
　①巴歈　歌う。
　○巴歈

愉　　　yu² 　　　　　jiu¹ 　　　　羊朱切　　　　　AI10-1214
　①喜ぶ。②和む。③楽しむ。

㼴　　　yu² 　　　　　jiu¹ 　　　　羊朱切　　　　　AI10-1215
　①邪㼴　手を挙げてからかう。②或いは㦤㦤とも書く。
　○邪㼴

揄　　　yu² 　　　　　jiu¹ 　　　　羊朱切　　　　　AI10-1216
　①揄揚　嘘。偽りの言葉。②又、動かすこと。『説文』に「引く」とある。
　○揄揚

褕　　　yu² 　　　　　jiu¹ 　　　　羊朱切　　　　　AI10-1217
　①褕狄　皇后の衣。②又、由昭切〔jiεu¹〕

瑜　　　yu² 　　　　　jiu¹ 　　　　羊朱切　　　　　AI10-1218
　①玉名。

崳　　　yu² 　　　　　jiu¹ 　　　　羊朱切　　　　　AI10-1219
　①山名。崳次山のこと。鴈門にある。

悇　　　yu² 　　　　　jiu¹ 　　　　羊朱切　　　　　AI10-1220
　①愛うこと。

羭　　　yu² 　　　　　jiu¹ 　　　　羊朱切　　　　　AI10-1221
　①黒い羊。

| 蝓 | yu² | jiu¹ | 羊朱切 | AI10-1222 |

①蝓蝓　蝸牛

○蝓蝓

| 楰 | yu² | jiu¹ | 羊朱切 | AI10-1223 |

①木名。『説文』に「白枌（楰の一種）」とある。『春秋・元命包』に「三月に楰樹の実が落ちる」とある。

| 荣 | yu² | jiu¹ | 羊朱切 | AI10-1224 |

①茱荣　川はじかみ。

○茱荣

| 堬 | yu² | jiu¹ | 羊朱切 | AI10-1225 |

①『方言』に「墳・堬・培・塿・埰・垠・塋・壠は皆、冢の別名」とある。

| 牏 | yu² | jiu¹ | 羊朱切 | AI10-1226 |

①垣根を作る短い板。

| 渝 | yu² | jiu¹ | 羊朱切 | AI10-1227 |

①渝變　変わる。②亦、州名。本の巴国。漢は巴郡の江州県とし、梁は巴郡に、楚州を置き、隋は改めて渝州とした。渝水によって、名とした。

| 媮 | yu² | jiu¹ | 羊朱切 | AI10-1228 |

①靡く。②又、音偷［təu¹］

| 㺄 | yu² | jiu¹ | 羊朱切 | AI10-1229 |

①㺄㺄　犬の子を呼ぶ時に発する呼び声。

| 洓 | yu² | jiu¹ | 羊朱切 | AI10-1230 |

①汙洳　汚れる。
○汙洳

珛　yu²　　　jiu¹　　　羊朱切　　　AI10-1231
①玉に次ぐ美石。

瘉　yu⁴　　　jiu¹　　　羊朱切　　　AI10-1232
①病むこと。

蝓　yu²　　　jiu¹　　　羊朱切　　　AI10-1233
①『爾雅』に「蠦䗪は蝓（腹部が脂身でふくらんでいる）」とある。

蕍　yu²　　　jiu¹　　　羊朱切　　　AI10-1234
①沼沢に自生する多年草。おもだか。

蕠　yu²　　　jiu¹　　　羊朱切　　　AI10-1235
①草名。

𩜾　yu²　　　jiu¹　　　羊朱切　　　AI10-1236
①余り。『字林』にある。

𧮒　yu²　　　jiu¹　　　羊朱切　　　AI10-1237
①変色した豆。

萮　yu²　　　jiu¹　　　羊朱切　　　AI10-1238
①葰萮　花の開くさま。
○葰萮

藭　yu²　　　jiu¹　　　羊朱切　　　AI10-1239
①萮に同じ。

凮　　yao³　　　　　jiu¹　　　羊朱切　　　AI10-1240
　①臼。②又、音由 [jiəu¹] ③又、弋兆切 [jiɛu²]

瓯　　yu²　　　　　jiu¹　　　羊朱切　　　AI10-1241
　①瓶。

騟　　yu²　　　　　jiu¹　　　羊朱切　　　AI10-1242
　①栗毛の馬。

逾　　yu²　　　　　jiu¹　　　羊朱切　　　AI10-1243
　①行く様。

箊　　yu²　　　　　jiu¹　　　羊朱切　　　AI10-1244
　①黒い竹。

瑜　　yu²　　　　　jiu¹　　　羊朱切　　　AI10-1245
　①玉に次ぐ美石。

區　　qu¹　　　　　kiu¹　　　豈俱切　　　AI10-1301
　①具區　呉の湖名。、太湖のこと。②又、『禮記』に「草木茂り、區萌達す
　　」とある。注に「屈曲して芽をだすことを區という」とある。
　②亦、姓。後漢末に長沙區星がいる。
　○區萌

鰸　　qu¹　　　　　kiu¹　　　豈俱切　　　AI10-1302
　①魚名。遼東に出る。海老に似ているが、脚が無い。

驅　　qu¹　　　　　kiu¹　　　豈俱切　　　AI10-1303
　①驅馳　馬を駆け走らせる。
　○驅馳

殴　　qu¹　　　　　　ki̯u¹　　　　　豈倶切　　　　　AI10-1304

①驅の古文字。

嶇　　qu¹　　　　　　ki̯u¹　　　　　豈倶切　　　　　AI10-1305

①崎嶇　山道が險しいこと。

○崎嶇

軀　　qu¹　　　　　　ki̯u¹　　　　　豈倶切　　　　　AI10-1306

①身体。

摳　　kou¹　　　　　ki̯u¹　　　　　豈倶切　　　　　AI10-1307

①衣の裾をからげる。②又、苦侯切 [kəu¹]

嘔　　qu¹　　　　　　ki̯u¹　　　　　豈倶切　　　　　AI10-1308

①嘔隅　不安な樣。

○嘔隅

朱　　zhu¹　　　　　ɕi̯u¹　　　　　章倶切　　　　　AI10-1401

①赤い。②『説文』に「幹の中心が赤い木。松柏の類。」とある。③又、姓。沛国、義陽、呉郡、河南の四地方の名家の出。本は高陽より後、周の時代に邾に封ぜられ、後、楚に滅ぼされた。子孫は故郷を捨てて朱氏を名乗る。又、漢の複姓。『荘子』に「朱泙漫」あり。郭象の注に「朱泙は姓なり。」とある。

珠　　zhu¹　　　　　ɕi̯u¹　　　　　章倶切　　　　　AI10-1402

①珠玉　『白虎通』に「德が深まれば、海に明珠が出る。」とある。

○珠玉　○明珠

侏　　zhu¹　　　　　ɕi̯u¹　　　　　章倶切　　　　　AI10-1403

①侏儒　身の丈の低い人。

○侏儒

絑　　zhu¹　　　　　tɕi u¹　　　　章倶切　　　　AI10-1404
　　①混じり気のない赤色。真紅。

祩　　zhu¹　　　　　tɕi u¹　　　　章倶切　　　　AI10-1405
　　①呪うこと。②又、音注［tɕi u³］

咮　　zhu¹　　　　　tɕi u¹　　　　章倶切　　　　AI10-1406
　　①𧥜咮　　多弁の様。
　○𧥜咮

鴸　　zhu¹　　　　　tɕi u¹　　　　章倶切　　　　AI10-1407
　　①鳥名。鳶に似ていて、頭部は人に似ている。

鮢　　zhu¹　　　　　tɕi u¹　　　　章倶切　　　　AI10-1408
　　①魚名。　海老に似ているが脚が無い。

狔　　zhu¹　　　　　tɕi u¹　　　　章倶切　　　　AI10-1409
　　①狔獳　　獣名。
　○狔獳

硃　　zhu¹　　　　　tɕi u¹　　　　章倶切　　　　AI10-1410
　　①丹砂を磨くこと。

趨　　qu¹　　　　　tɕi u¹　　　　七逾切　　　　AI10-1501
　　①走る。

趍　　qu¹　　　　　tɕi u¹　　　　七逾切　　　　AI10-1502
　　①趨の俗字。本、音池［ði ə²］

鯐　　zou¹　　　　　tɕi u¹　　　　七逾切　　　　AI10-1503

①㳻鯅　小人物が仕事に耐えられない様。②又、士后切 [ʨəu²]

○㳻鯅

嘍　lou²　　liu¹　　力朱切　　AI10-1601

①悦ぶ。②又、落侯切 [ləu¹]

蔞　lou²　　liu¹　　力朱切　　AI10-1602

①蔞蒿　草名。白よもぎ。②又、虜の姓。『官氏志』に「一郍蔞氏、後に改めて蔞氏となる。」とある。

○蔞蒿

氀　lü²　　liu¹　　力朱切　　AI10-1603

①毛布。毛織物。

䁖　lou¹　　liu¹　　力朱切　　AI10-1604

①瞜䁖　細かに見る。②又、落侯切 [ləu¹]

○瞜䁖

鏤　lou²　　liu¹　　力朱切　　AI10-1605

①魚名。

塿　lou³　　liu¹　　力朱切　　AI10-1606

①山頂。

貗　lou²　　liu¹　　力朱切　　AI10-1607

①子を捜し求める豚。②又、落侯切 [ləu¹]

獿　lou²　　liu¹　　力朱切　　AI10-1608

①貗に同じ。

| 摟 | lou¹ | liu¹ | 力朱切 | AI10-1609 |

①曳く。

| 鸚 | lü² | liu¹ | 力朱切 | AI10-1610 |

①鶐鸚　鳥名。雁の類。②又、落侯切〔ləu¹〕

○鶐鸚

| 鏤 | lou⁴ | liu¹ | 力朱切 | AI10-1611 |

①屬鏤　名剣の名。②又、盧豆切〔ləu³〕

○屬鏤

| 鄌 | lou² | liu¹ | 力朱切 | AI10-1612 |

①郷名。②又、落侯切〔ləu¹〕

| 婁 | lou² | liu¹ | 力朱切 | AI10-1613 |

①『詩経』に「弗曳、弗婁」とある。『伝』に「婁もまた曳きずること」とある。②又、落侯切〔ləu¹〕

| 瘻 | lou⁴ | liu¹ | 力朱切 | AI10-1614 |

①痀瘻　せむし。

○痀瘻

| 膢 | lou² | liu¹ | 力朱切 | AI10-1615 |

①朱膢　堰板。水の流れを堰き止める板。

○朱膢

| 膢 | lü² | liu¹ | 力朱切 | AI10-1616 |

①飲食の神を祭る祭。冀州では八月、楚の習俗では二月。

| 扶 | fu² | biu¹ | 防無切 | AI10-1701 |

①扶持　　手を添えて助ける。②補佐する。③漢の三輔に扶風郡がある。扶は助ける。風は教化すること。④魏は岐州をまた扶州とした。隴右にある。元魏はその管轄を同昌、怡夷の二県に置いた。⑤又、姓。漢に廷尉扶嘉がいる。

技　fu²　bi̯u¹　防無切　AI10-1702

①扶の古文字。

芙　fu²　bi̯u¹　防無切　AI10-1703

①芙蓉　　花名。

符　fu²　bi̯u¹　防無切　AI10-1704

①符契　　割り符。『河圖』に「玄女が兵の割り符を出して、黄帝と共に蚩尤と戦った」とある。②『説文』に「符は信なり」とある。漢の制度では長さ六寸の竹を割り、それを合わせて証しとした。③又、姓。魯の頃公の孫の雅が秦に仕えて、符璽令となり、それに因んで姓とした。琅邪の人。

　○符契

颰　fu²　bi̯u¹　防無切　AI10-1705

①颰風　　大風。

　○颰風

鳬　fu²　bi̯u¹　防無切　AI10-1706

①野鴨。

榑　fu²　bi̯u¹　防無切　AI10-1707

①榑桑　　海の向こうにある大きな桑の木。日の出る所にある。

　○榑桑

苻　fu²　bi̯u¹　防無切　AI10-1708

①草名。鬼目草。②又、姓。晋に苻洪がいた。武都の出身の氐人で、本の姓は蒲氏。孫の堅の背中の模様に草付きの吉兆のしるしがあった事に因んで、改姓した。洪の子、健は晋の穆帝の永和七年、長安で、僭号して秦と称した。

蚥　　　　fu² 　　　　　bi̯u¹ 　　　　防無切　　　　AI10-1709

①青蚥　　虫名。母虫と子虫が互いに放れない。

○青蚥

夫　　　　fu¹ 　　　　　bi̯u¹ 　　　　防無切　　　　AI10-1710

①助辞。②又、府符切 [pi̯u¹]

薂　　　　fu² 　　　　　bi̯u¹ 　　　　防無切　　　　AI10-1711

①薂茈　　草名。くろくわい。『爾雅』には「芍、鳧茈」とあって「艸」がない。

○薂茈

澓　　　　fu² 　　　　　bi̯u¹ 　　　　防無切　　　　AI10-1712

①川名。

枹　　　　fu² 　　　　　bi̯u¹ 　　　　防無切　　　　AI10-1713

①枹罕　　縣名。河州にある。罕音漢 [χan³]

瓿　　　　pou³ 　　　　　bi̯u¹ 　　　　防無切　　　　AI10-1714

①甌瓿　　瓶。

○甌瓿

訃　　　　fu² 　　　　　bi̯u¹ 　　　　防無切　　　　AI10-1715

①助辞。

扶　　　　fu² 　　　　　bi̯u¹ 　　　　防無切　　　　AI10-1716

①扶疏　　盛んなさま。

○扶疏

垺　　　　fu² 　　　　　bi̯u¹ 　　　　防無切　　　　AI10-1717

①白石英　水晶の類。

泭　fu² 　　　bi̯u¹　　　防無切　　　AI10-1718

①水上に筏を浮かべる。『説文』に「木を編み、それで渡ること」とある。
②本音孚［pʰi̯u¹］．別本には㭬に作る。

泭　fu² 　　　bi̯u¹　　　防無切　　　AI10-1719

①水上に筏を浮かべる。

畩　fu² 　　　bi̯u¹　　　防無切　　　AI10-1720

①小さな持ち籠。

柎　fu² 　　　bi̯u¹　　　防無切　　　AI10-1721

①草木の子房。

涒　mao⁴　　　bi̯u¹　　　防無切　　　AI10-1722

①川名。そこに神古人がいるという。

怤　fu² 　　　bi̯u¹　　　防無切　　　AI10-1723

①心が明るいこと。

鴀　fu² 　　　bi̯u¹　　　防無切　　　AI10-1724

①飛ぶさま。

眲　fu² 　　　bi̯u¹　　　防無切　　　AI10-1725

①遠くを見る。

玸　fu² 　　　bi̯u¹　　　防無切　　　AI10-1726

①玉名。

䅣　chu²　　　ȡi̯u¹　　　仕于切　　　AI10-1801

①黍殻。

雛　　chu² 　　ʧiu¹　　仕于切　　AI10-1802

①鷦雛　鳳の類。『爾雅』に「生噣は雛」とある。鳥の子がよく、自分で餌をはむことが出来ることをいう。②俗字雛。③噣音卓［ʧɔk⁴］

○鷦雛

雛　　chu²　　ʧiu¹　　仕于切　　AI10-1803

①雛の籀文字。

嫋　　chu²　　ʧiu¹　　仕于切　　AI10-1804

①崔子玉の『清河王の誄』に「嫋媰に惠む」とある。②『説文』に「婦人の妊娠なり。」とある。③一本には側鳩切［ʦiəu¹］

○嫋媰

傶　　zhu¹　　ʦiu¹　　荘俱切　　AI10-1901

①『纂文』に「傶傶は小人のさま。」とある。②　側洽切［ʦɐp⁴］

○傶傶

搊　　zhu¹　　ʦiu¹　　荘俱切　　AI10-1902

①解く。

敷　　fu¹　　ɸiu¹　　芳無切　　AI10-2001

①散らす。『説文』は「尃」に從う。②施すこと。

麩　　fu¹　　ɸiu¹　　芳無切　　AI10-2002

①麦のふすま。麦の皮。

麪　　fu¹　　ɸiu¹　　芳無切　　AI10-2003

①麩に同じ。

孚　　fu²　　ɸiu¹　　芳無切　　AI10-2004

①誠。

樸　　fu¹　　　　ɸiu¹　　　芳無切　　　AI10-2005

①木名。

郛　　fu¹　　　　ɸiu¹　　　芳無切　　　AI10-2006

①郛郭　城外の大きな郭。
○郛郭

鄜　　fu¹　　　　ɸiu¹　　　芳無切　　　AI10-2007

①鄜州。漢代の　県、今の鄜城。隋代、改めて鄜州とした。

鋪　　pu¹　　　　ɸiu¹　　　芳無切　　　AI10-2008

①又、音普胡切［ɸu¹］

筟　　fu¹　　　　ɸiu¹　　　芳無切　　　AI10-2009

①織物の横糸を巻く管。

俘　　fu²　　　　ɸiu¹　　　芳無切　　　AI10-2010

①俘虜。捕虜。

痡　　pu¹　　　　ɸiu¹　　　芳無切　　　AI10-2011

①病気。

殍　　piao³　　　ɸiu¹　　　芳無切　　　AI10-2012

①餓死する。

忞　　fu¹　　　　ɸiu¹　　　芳無切　　　AI10-2013

①思う。②悦ぶ。

膊　　fu¹　　　　pi u¹　　　芳無切　　　AI10-2014
①はねの付け根の部分の羽。

藪　　fu¹　　　　pi u¹　　　芳無切　　　AI10-2015
①花や葉が開きのびること。

孵　　fu¹　　　　pi u¹　　　芳無切　　　AI10-2016
①卵がかえること。

豧　　fu¹　　　　pi u¹　　　芳無切　　　AI10-2017
①豚の鼻息。

尃　　fu¹　　　　pi u¹　　　芳無切　　　AI10-2018
①敷く。

鮄　　fu¹　　　　pi u¹　　　芳無切　　　AI10-2019
①魚名。

罦　　fu²　　　　pi u¹　　　芳無切　　　AI10-2020
①轅の間に網を張って鳥を捕らえること。

稃　　fu¹　　　　pi u¹　　　芳無切　　　AI10-2021
①籾殻。

粰　　fu²　　　　pi u¹　　　芳無切　　　AI10-2022
①稃に同じ。

莩　　fu²　　　　pi u¹　　　芳無切　　　AI10-2023
①『漢書』に「葭莩程の親しみも持ちあわさない。」とある。　葦の茎にある薄い膜。　②張晏は「莩とは芦の茎の白い皮である。」という。

泭　　　fu²　　　pi̯u¹　　　芳無切　　　AI10-2024

①筏。『説文』に「木を編みそれで渡ること」とある。

鄌　　　fu³　　　pi̯u¹　　　芳無切　　　AI10-2025

①郷名。②又、汝南にある亭名。③又、方矩切［pi̯u²］

䧘　　　fu¹　　　pi̯u¹　　　芳無切　　　AI10-2026

①石の間からちらっと見えること。

枹　　　fu²　　　pi̯u¹　　　芳無切　　　AI10-2027

①棟木。②又、音浮［bi̯u¹］

䑆　　　bu¹　　　pi̯u¹　　　芳無切　　　AI10-2028

①小舟。

撫　　　fu¹　　　pi̯u¹　　　芳無切　　　AI10-2029

①張る。

妥　　　fu¹　　　pi̯u¹　　　芳無切　　　AI10-2030

①喜ぶ。

荂　　　fu¹　　　pi̯u¹　　　芳無切　　　AI10-2031

①華やかなさま。②又、音吁［χi̯u¹］

紨　　　fu¹　　　pi̯u¹　　　芳無切　　　AI10-2032

①布。②又、細かい紬。

嘮　　　fu¹　　　pi̯u¹　　　芳無切　　　AI10-2033

①嘮萮　花の開く様。

　○嘮萮

毤　　fu¹　　　　pi u¹　　　芳無切　　　　AI10-2034
①鳥の抜け毛。

萮　　fu¹　　　　pi u¹　　　芳無切　　　　AI10-2035
①花の盛んなさま。

秿　　fu¹　　　　pi u¹　　　芳無切　　　　AI10-2036
①稲を集めて積み上げること。②又、扶甫切[bi u²]

諏　　zou¹　　　　tsi u¹　　　子于切　　　　AI10-2101
①謀る。相談する。②又、子侯切[tsəu¹]

陬　　ju¹　　　　tsi u¹　　　子于切　　　　AI10-2102
①齱陬　貪る。廉直でない。
〇齱陬

崷　　ju¹　　　　tsi u¹　　　子于切　　　　AI10-2103
①崷崪　高い崖。
〇崷崪

娵　　ju¹　　　　tsi u¹　　　子于切　　　　AI10-2104
①娵觜　星宿の名。
〇娵觜

陬　　zou¹　　　　tsi u¹　　　子于切　　　　AI10-2105
①陬隅　片隅。②又、子侯切[tsəu¹]
〇陬隅

嗺　　zui¹　　　　tsi u¹　　　子于切　　　　AI10-2106

①声が高いさま。

掫　　zhou¹　　　　tsi̯u¹　　　　子于切　　　AI10-2107
①撃つ。②又、子侯切〔tsəu¹〕

跗　　fu¹　　　　pi̯u¹　　　　甫無切　　　AI10-2201
①足の甲。

趺　　fu¹　　　　pi̯u¹　　　　甫無切　　　AI10-2202
①跗に同じ。②又、跏趺　　胡座。
○跏趺

膚　　fu¹　　　　pi̯u¹　　　　甫無切　　　AI10-2203
①皮膚。②美しい。③付く。

肤　　fu¹　　　　pi̯u¹　　　　甫無切　　　AI10-2204
①膚に同じ。

邞　　fu¹　　　　pi̯u¹　　　　甫無切　　　AI10-2205
①古の県名。琅邪にある。

鈇　　fu¹　　　　pi̯u¹　　　　甫無切　　　AI10-2206
①鈇鉞　　斧とまさかり。
○鈇鉞

袝　　fu¹　　　　pi̯u¹　　　　甫無切　　　AI10-2207
①衣類の前襟。

袀　　fu¹　　　　pi̯u¹　　　　甫無切　　　AI10-2208
①袝に同じ。

玞　　　fu¹　　　　　piu¹　　　　甫無切　　　AI10-2209
　①球玞　　美しい石。玉に次ぐ。
　○球玞

鵂　　　fu¹　　　　　piu¹　　　　甫無切　　　AI10-2210
　①鵂鵂　　鳥名。三っ首、六っ足、六っ目、三つの翼を持つ。
　○鵂鵂

薕　　　fu¹　　　　　piu¹　　　　甫無切　　　AI10-2211
　①地薕　　薬名。
　○地薕

簠　　　fu³　　　　　piu¹　　　　甫無切　　　AI10-2212
　①簠簋　　祭器。②又、方羽切 [piu²]
　○簠簋

夫　　　fu¹　　　　　piu¹　　　　甫無切　　　AI10-2213
　①丈夫　　男子。　②又、羌の複姓。後秦に建威将軍夫蒙大羌がいる。
　○丈夫

䳟　　　fu¹　　　　　piu¹　　　　甫無切　　　AI10-2214
　①䳟鳩鳥　ふふどり。郭公のこと。
　○䳟鳩鳥

柎　　　fu¹　　　　　piu¹　　　　甫無切　　　AI10-2215
　①器の足。

扶　　　fu²　　　　　piu¹　　　　甫無切　　　AI10-2216
　①扶寸　　『公羊傳』に「手の指四本を合わせた長さを扶という。」とあり

その注に「手の指を並べることを扶という。」とある。②調べるに、手の指を寸という。

　○扶寸

髯　　fu¹　　　　　piu¹　　　　甫無切　　　　AI10-2217

①根本を束ねた髪。

鮇　　fu¹　　　　　piu¹　　　　甫無切　　　　AI10-2218

①鮇鯕　魚名。

　○鮇鯕

秩　　fu¹　　　　　piu¹　　　　甫無切　　　　AI10-2219

①里秩　　『玉篇』に「刈った後、再び生えてくる稲」とある。

　○里秩

袚　　fu¹　　　　　piu¹　　　　甫無切　　　　AI10-2220

①祭名。

姇　　fu¹　　　　　piu¹　　　　甫無切　　　　AI10-2221

①『玉篇』に「貪るさま。」とある。

紆　　yu¹　　　　　ɸiu¹　　　　憶俱切　　　　AI10-2301

①纏わること。②曲がること。③まげること。④疲れること。⑤又、姓。後秦に肥郷侯、始平、紆逸がいる。

䩕　　yu²　　　　　ɸiu¹　　　　憶俱切　　　　AI10-2302

①車輪の巻き革。②又、音于〔ɣiu¹〕

陓　　yu¹　　　　　ɸiu¹　　　　憶俱切　　　　AI10-2303

①陽陓　沢名。

扜	yu¹	ɸiu¹	憶倶切	AI10-2304

①『説文』に「指揮」とある。

韘	yu¹	ɸiu¹	憶倶切	AI10-2305

①弓袋。

樞	ou¹	ɸiu¹	憶倶切	AI10-2306

①麻で編んだ帽子。②又、烏侯切 [ɸəu¹]

藲	qiu¹	ɸiu¹	憶倶切	AI10-2307

①草名。②又、去鳩 [kiəu¹]・烏侯 [ɸəu¹] 二切

迂	yu¹	ɸiu¹	憶倶切	AI10-2308

①曲がる。②又、音于 [ɣiu¹]

醧	yu¹	ɸiu¹	憶倶切	AI10-2309

①酒を適度に飲む。②又、音于 [ɸiu¹]

尪	yu¹	ɸiu¹	憶倶切	AI10-2310

①回る。巡る。

蚼	yu¹	ɸiu¹	憶倶切	AI10-2311

①げじげじ虫の別名。

雩	yu¹	ɸiu¹	憶倶切	AI10-2312

①雨の降り注ぐさま。

輸	shu¹	ɕiu¹	式朱切	AI10-2401

①尽くす。②移す。③堕す。④『説文』に「委輸(車で物を運ぶ)なり。」とある。

○委輸

俞 shu¹　　　śiu¹　　　式朱切　　　AI10-2402
①県名。貝州にある。

隃 shu¹　　　śiu¹　　　式朱切　　　AI10-2403
①北陵の名。②又、相隃〔siu¹〕・式注〔śiu³〕二切。

樞 shu¹　　　śiu¹　　　昌朱切　　　AI10-2501
①根本。中心となるもの。②『爾雅』に「樞、これを椳（とぼそ）という。」とある。郭璞の注に「門戸の扉樞なり。」とある。

○扉樞

姝 shu¹　　　śiu¹　　　昌朱切　　　AI10-2502
①麗しい。見目好い。

軀 shu¹　　　śiu¹　　　昌朱切　　　AI10-2503
①軀骨　骨。

○軀骨

袾 zhu¹　　　śiu¹　　　昌朱切　　　AI10-2504
①赤い衣服。

䈞 shu¹　　　śiu¹　　　昌朱切　　　AI10-2505
①䈞箊　竹で編んだ舟の帆。

○䈞箊

廚 chu²　　　ɖiu¹　　　貞森切　　　AI10-2601
①『説文』に「厨房のこと。」とある。②俗に厨に作る。

躇　　chu²　　　ɟiu¹　　　直誅切　　　AI10-2602
　①踟躇　ためらうさま。
　○踟躇

趎　　chu²　　　ɟiu¹　　　直誅切　　　AI10-2603
　①人名。『荘子』に南榮趎がある。

幮　　chu²　　　ɟiu¹　　　直誅切　　　AI10-2604
　①帳。箱に似た形。陸該の『字林』にある。

裯　　chou²　　ɟiu¹　　　直誅切　　　AI10-2605
　①単衣の衣類。②又、直休切［ɟiəu¹］

拘　　ju¹　　　kiu¹　　　舉朱切　　　AI10-2701
　①執る。

駒　　ju¹　　　kiu¹　　　舉朱切　　　AI10-2702
　①馬駒　小馬
　○馬駒

眗　　ju⁴　　　kiu¹　　　舉朱切　　　AI10-2703
　①左右を見る。

姁　　ju¹　　　kiu¹　　　舉朱切　　　AI10-2704
　①眗に同じ。

岣　　gou³　　　kiu¹　　　舉朱切　　　AI10-2705
　①岣嶁　衡山の別名。

斪　　ju¹　　　kiu¹　　　舉朱切　　　AI10-2706

①酒を酌む。

郰　　ju¹　　　　　kjuʹ　　　　擧朱切　　　　AI10-2707

①斜に同じ。

捄　　ju¹　　　　　kjuʹ　　　　擧朱切　　　　AI10-2708

①土を盛る。『詩経』に「土を掘り、もっこに盛り運ぶ者多し」とある。

跔　　ju¹　　　　　kjuʹ　　　　擧朱切　　　　AI10-2709

①手足が冷たいこと。

鮈　　ju¹　　　　　kjuʹ　　　　擧朱切　　　　AI10-2710

①鯸鮈　魚名。
○鯸鮈

俱　　ju¹　　　　　kjuʹ　　　　擧朱切　　　　AI10-2711

①皆。②共に。③又、姓。『南涼録』に「将軍俱延」がある。

痀　　ju¹　　　　　kjuʹ　　　　擧朱切　　　　AI10-2712

①脊むし。

䙻　　ju¹　　　　　kjuʹ　　　　擧朱切　　　　AI10-2713

①『説文』に「横目で見ること。」とある。

瞿　　qu²　　　　　kjuʹ　　　　擧朱切　　　　AI10-2714

①碌瞿　青い石。
○碌瞿

毹　　shu¹　　　　ʂjuʹ　　　　山芻切　　　　AI10-2801

①氍毹　毛織りの敷物。

○罷能

偸 shu¹   ṣi̯u¹   山芻切   AI10-2802

①衣を裁断すること。

槄 shu¹   ṣi̯u¹   山芻切   AI10-2803

①『説文』に「車の轂の穴」とある。

螋 sou¹   ṣi̯u¹   山芻切   AI10-2804

①蠼螋　虫名。はさみ虫。②又、所留切［ṣi̯əu¹］

○蠼螋

麌 yu³   ngi̯u²   虞矩切   B09-0101

①牡鹿。②麌麌　群れ聚まるさま。

俁 yu³   ngi̯u²   虞矩切   B09-0102

①俁俁　顔、容貌のさま。大きいさま。『詩経』に「碩人（優れた徳のある人）は堂々として立派である。」とある。

○俁俁

嘸 yu³   ngi̯u²   虞矩切   B09-0103

①嘸嘸　笑うさま。

○嘸嘸

羽 yu³   ɣi̯u²   王矩切   B09-0201

①緩やかなこと。②集まる。③又、鳥の長い羽毛。④又、官職の名。羽林監、應劭の『漢官儀』に「羽林とは国の守りとなって、林のように盛大にし、皆、雉の尾羽で作った冠をつける。」とある。⑤亦、姓。『左傳』に「鄭の大夫、羽頡」とある。⑥又、虜の姓。『後魏書』に「羽弗氏、後に改めて羽氏とした。」とある。⑦又、音芋［ɣi̯u³］

禹　　　yu³　　　ɣiu²　　　王矩切　　　B09-0202

①緩やかなこと。②『字林』に「蟲名」とある。③又、姓。夏禹の後裔。王僧孺の『百家譜』に「蘭陵の蕭道遊、禹氏の娘を娶った。」とある。

雨　　　yu³　　　ɣiu²　　　王矩切　　　B09-0203

①『元命包』に「陰と陽が和して雨となる。」とある。『大戴禮』に「天地の気が和すれば雨」とある。『説文』に「水が雲から下りる。一は天に象り、冂は雲に象る。水はその間に降るなり。」とある。

宇　　　yu³　　　ɣiu²　　　王矩切　　　B09-0204

①宇宙。②大きい。③『説文』に「軒端」とある。④『易』に「上は棟、下は軒端」とある。⑤亦、姓。何氏『姓苑』にある。⑥又、虜の複姓。宇文氏は炎帝から出た。その後裔が草を食べる功労をたてた。そこで鮮卑族は草のことを俟汾遂といった。そして号して俟汾氏といった。後世、通称宇文といった。これは思うに音の訛りである。それが変って、鮮卑單于となった。

寓　　　yu³　　　ɣiu²　　　王矩切　　　B09-0205

①宇に同じ。

瑀　　　yu³　　　ɣiu²　　　王矩切　　　B09-0206

①石名。玉に似ている。

祤　　　yu³　　　ɣiu²　　　王矩切　　　B09-0207

①祋祤　県名。馮翊にある。②又、況羽切［χiu²］

栩　　　yu³　　　ɣiu²　　　王矩切　　　B09-0208

①栩陽　地名。②又、況羽切［χiu²］

鄅　　　yu³　　　ɣiu²　　　王矩切　　　B09-0209

①鄅子国　国名。琅耶にある。その後の人が国名を氏姓とした。

頨　　　yu³　　　ɣiu²　　　王矩切　　　B09-0210

①孔子の頭の形。（中央が低く、周りが高い）②『説文』に「頭の形がよい

こと。」とある。②又、讀若翩 [piɛn¹]

梮 yu³　　ɤiu²　　王矩切　　B09-0211

①木名。②又、音矩 [kiu²]

蒀 yu³　　ɤiu²　　王矩切　　B09-0212

①『説文』に「草・艸なり。」とある。

䢇 yu³　　ɤiu²　　王矩切　　B09-0213

①亭名。南陽にある。

聥 yu³　　ɤiu²　　王矩切　　B09-0214

①耳をそばだて良く聞こえること。②又、音矩 [kiu²]

霱 yu³　　ɤiu²　　王矩切　　B09-0215

①雨の降るさま。

聚 ju⁴　　dziu²　　慈庾切　　B09-0301

①集まった人々。②共にする。③収める。④『説文』に「一所にあつまり、会合すること。」とある。⑤村。集落。

酆 ju⁴　　dziu²　　慈庾切　　B09-0302

①亭名。新豐にある。

甫 fu³　　piu²　　方矩切　　B09-0401

①始め。②大きい。③我。男子の名の下につけた美称。④多いさま。⑤『説文』に「男子の美称。字は父と用よりなる。」とある。⑥又、姓。『風俗通』に「甫侯の後裔」とある。

脯 fu³　　piu²　　方矩切　　B09-0402

①乾し肉。東方朔は「乾し肉を脯という」と言う。②『禮記』に「牛の乾し肉、鹿の乾し肉、豚の乾し肉」とある。

斧　　fu³　　　　piu²　　　方矩切　　　B09-0403

①斧・まさかり。②『周書』に「神農氏が陶工、鍛冶、斧・まさかりを作った。」とある。

頫　　fu³　　　　piu²　　　方矩切　　　B09-0404

①『説文』に「頭を垂れる」とある。②『太史公書』（史記）には頫仰の字はこのようにある。

俯　　fu³　　　　piu²　　　方矩切　　　B09-0405

①頫に同じ。『漢書』には又、俛に作る。今音免［miɛn³］

府　　fu³　　　　piu²　　　方矩切　　　B09-0406

①官府　役所。②『説文』に「府は文書を収蔵する所。」とある。③『風俗通』に「府は聚めるなり。公卿、牧守、道徳のあつまる所。」とある。④又、邸宅。⑤亦、姓。『風俗通』に「漢に司徒掾府悝がいる。」とある。

腑　　fu³　　　　piu²　　　方矩切　　　B09-0407

①臓腑　内臓。本は府に作る。俗字は月をつけた。
○臓腑

簠　　fu³　　　　piu²　　　方矩切　　　B09-0408

①古代の食器。祭器として用いられた。②又、音膚［piu¹］

黼　　fu³　　　　piu²　　　方矩切　　　B09-0409

①白と黒の文様。『爾雅』では「斧のことを黼と言う。斧の形を描いていることから名づけた。」という。

蚹　　fu³　　　　piu²　　　方矩切　　　B09-0410

①小蟹。

莆　　fu³　　　　piu²　　　方矩切　　　B09-0411

①萐莆　水草名。蒲草。堯のとき庖廚に生て、扇子代りに使った。
○萐莆

| 釜 | fu³ | pi u² | 方矩切 | B09-0412 |

①『爾雅』に「蠸、輿父、守瓜」。郭璞注に「今の瓜中の黃甲の小虫は、好んで、瓜の葉を食べる。故にこれを守瓜という。」とある。字は或いは虫扁を付ける。

| 俌 | fu³ | pi u² | 方矩切 | B09-0413 |

①車の添木。『埤蒼』にある。

| 㕮 | fu³ | pi u² | 方矩切 | B09-0414 |

①㕮咀　漢方醫藥用語。漢方藥の切片を搗きくだいたもの。②咀嚼

○㕮咀

| 父 | fu³ | pi u² | 方矩切 | B09-0415 |

①尼父、尚父　男子の美称。②又、漢の複姓。三氏ある。孔子の弟子に罕父黑、漢に臨淄主父偃、『左伝』に「宋に皇父充石がいる。宋の公族である。」とある。漢の初に皇父鸞がいる。魯より移りきて、茂陵に住み、父を改めて、甫とした。後漢の安定太守儁始、安定に居る。朝郁が代って西州となった。姓をつけた。更に移って京兆に住まった。③又、音釜［bi u²］

| 碔 | fu³ | pi u² | 方矩切 | B09-0416 |

①碔砆　磨。

○碔砆

| 蚥 | fu³ | pi u² | 方矩切 | B09-0417 |

①蜟蚥　かまきりの別名。
○蜟蚥

| 鮒 | fu³ | pi u² | 方矩切 | B09-0418 |

①大魚。

| 鄜 | fu³ | pi u² | 方矩切 | B09-0419 |

①亭名。上蔡にある。

武　wu³　　mi u²　　文甫切　　B09-0501

①戈を止めること。②足跡。『曲禮』に「堂上武を接す。」とある。③又、州名。本は白馬氏地より、魏文侯が武都に移り、美陽に郡を置いた。今の好畤県界の武都は古城のそれである。後魏の平仇池山が城を築いて武都鎮を置いた。それが今州である。④亦、姓。『風俗通』に「宋武功の後裔、漢に武臣がいる。⑤又、漢の複姓。六氏あり。漢に乗黄令、武安恭がいる。武安君白起の後裔。『風俗通』に「漢の武強侯王梁の後裔が封ぜられて、それを氏とした。『世本』に「夏の時、武羅國があった。その後裔がこれを氏姓とした。」何氏『姓苑』に「廣武氏あり。陳餘の後裔の出。又、武成氏、武仲氏がいる。」とある。④又、虜の複姓。『西秦錄』に「武都氏」あり。

舞　wu³　　mi u²　　文甫切　　B09-0502

①歌舞　歌い舞う。『左傳』に「舞は八音の律に合わせて八風の舞を舞った。」とある。『周禮』に「楽師は国学の政を司どり、國子に小舞を教える。」とある。『山海経』に「帝俊の八子、始めて舞をした。」とある。②又、姓。何氏『姓苑』にある。

儛　wu³　　mi u²　　文甫切　　B09-0503

①舞に同じ。

嫵　wu³　　mi u²　　文甫切　　B09-0504

①嫵媚　艶やかな様。

○嫵媚

侮　wu³　　mi u²　　文甫切　　B09-0505

①侮慢　人を馬鹿にして威張る。②外から侵す。③軽く扱う。

○侮慢

幠　wu³　　mi u²　　文甫切　　B09-0506

①網戸の類。

憮　wu³　　mi u²　　文甫切　　B09-0507

①憮然　失意のさま。ぼんやりしてしまうさま。②『説文』に「かわいがる」とある。③一説に不動とある。

| 憮 | wu³ | mju² | 文甫切 | B09-0508 |

①幠に同じ。

| 珷 | wu³ | mju² | 文甫切 | B09-0509 |

①珷玞　石名。玉に次ぐ。
○珷玞

| 碔 | wu³ | mju² | 文甫切 | B09-0510 |

①珷に同じ。

| 廡 | wu³ | mju² | 文甫切 | B09-0511 |

①庇。

| 廉 | wu³ | mju² | 文甫切 | B09-0512 |

①廡の籀文。

| 甒 | wu³ | mju² | 文甫切 | B09-0513 |

①甊甒　酒を容れる小さい器。かめ、とっくり。
○甊甒

| 潕 | wu³ | mju² | 文甫切 | B09-0514 |

①川名。南陽にある。

| 鵡 | wu³ | mju² | 文甫切 | B09-0515 |

①鸚鵡　鳥名。良く喋る。
○鸚鵡

| 䳇 | wu³ | mju² | 文甫切 | B09-0516 |

①鵡に同じ。

| 憮 | wu³ | mju² | 文甫切 | B09-0517 |

①慈しむ。可愛がる。『説文』に「撫でる。」とある。

膴　wu³　　　　miu²　　　文甫切　　　B09-0518

①土地の肥えていること。

　○膴膴

瞴　wu³　　　　miu²　　　文甫切　　　B09-0519

①かすかに見えるさま。

娬　wu³　　　　miu²　　　文甫切　　　B09-0520

①良い。

敄　wu⁴　　　　miu²　　　文甫切　　　B09-0521

①強い。

舞　wu³　　　　miu²　　　文甫切　　　B09-0522

①細長い小艇。

罞　mei²　　　　miu²　　　文甫切　　　B09-0523

①雉を捕獲する網。

蕪　wu²　　　　miu²　　　文甫切　　　B09-0524

①植物が繁茂すること。②『説文』に「豊かなこと。」とある。隷体では省略して、無に作る。今、假借で有無の無とした。

父　fu⁴　　　　biu²　　　扶雨切　　　B09-0601

①『説文』に「父は矩なり。家長として一家を引き連れ教える者。」とある。

輔　fu³　　　　biu²　　　扶雨切　　　B09-0602

①毗輔　　助けになる。②助ける。③補佐する。④亦、姓。『左伝』に「晋の大夫輔躒、又、智果、智伯必ず其の宗を亡ぼすを以て、改めて輔氏とな

す。」とある。
○ 毗輔

酺　　fu³　　　bi̯u²　　　扶雨切　　　B09-0603
①頬骨。

頫　　fu³　　　bi̯u²　　　扶雨切　　　B09-0604
①酺に同じ。

腐　　fu³　　　bi̯u²　　　扶雨切　　　B09-0605
①朽ちる。②腐る。③『説文』に「腐り爛れる」とある。

鳺　　fu⁴　　　bi̯u²　　　扶雨切　　　B09-0606
①鳺鴀　鳥名。越鳥。

○ 鳺鴀

滏　　fu³　　　bi̯u²　　　扶雨切　　　B09-0607
①川名。鄴にある。『山海経』に「神囷の山。滏水はここからでる。」とある。

䮕　　fu⁴　　　bi̯u²　　　扶雨切　　　B09-0608
①牡馬。

咐　　fu³　　　bi̯u²　　　扶雨切　　　B09-0609
①咀嚼。②又、音甫［pi̯u³］

蚥　　fu³　　　bi̯u²　　　扶雨切　　　B09-0610
①ひきがえるの別名。

䵍　　fu⁴　　　bi̯u²　　　扶雨切　　　B09-0611

①水腫病。『説文』に「俛病（頭の垂れる病気）」とある。

| 稪 | fu⁴ | bi u² | 扶雨切 | B09-0612 |

①穀類を刈り取って積み上げること。

| 䰠 | fu³ | bi u² | 扶雨切 | B09-0613 |

①『説文』に「古代の釜の一種」とある。②覆䰠　九河の一名。

| 釜 | fu³ | bi u² | 扶雨切 | B09-0614 |

①䰠に同じ。『古史考』に「黄帝始めて釜を造る。」とある。

| 䩛 | fu⁴ | bi u² | 扶雨切 | B09-0615 |

①下穿き。

| 撫 | fu³ | pi u² | 芳武切 | B09-0701 |

①安らかにさせる。②保つ。③手なづける。

| 㩉 | fu³ | pi u² | 芳武切 | B09-0702 |

①撫に同じ。

| 柎 | fu³ | pi u² | 芳武切 | B09-0703 |

①ゆづか。（握り）

| 釪 | fu³ | pi u² | 芳武切 | B09-0704 |

①柎に同じ。『説文』に「方九切［piəu²］,刀の握り。」とある。

| 拊 | fu³ | pi u² | 芳武切 | B09-0705 |

①打つ。叩く。②『説文』に「撫でる」とある。

| 殕 | tou³ | pi u² | 芳武切 | B09-0706 |

①食物が腐敗してその表面に白黴の膜が張ること。

䋨　　fu^3　　pʻi̯u^2　　芳武切　　B09-0707

①綿を打ち直すこと。

俌　　fu^3　　pʻi̯u^2　　芳武切　　B09-0708

①助ける。補佐。②又、音甫［pi̯u^2］

剖　　pou^1　　pʻi̯u^2　　芳武切　　B09-0709

①分ける。区別をする。②又、普厚切［pʻəu^2］

𦄼　　fu^3　　pʻi̯u^2　　芳武切　　B09-0710

①絲。

䯽　　pou^2　　pʻi̯u^2　　芳武切　　B09-0711

①髪の綺麗なさま。②又、歩侯切［bi̯u^1］

䓆　　pou^1　　pʻi̯u^2　　芳武切　　B09-0712

①䓆草　　草名。

○䓆草

𧺆　　fu^3　　pʻi̯u^2　　芳武切　　B09-0713

①健やかなさま。②亦、訽 に作る。

柱　　zhu^4　　ḍi̯u^2　　直主切　　B09-0801

①『廣雅』に「楹を柱と言う」とある。②又、姓。何氏・『姓苑』にある。

跓　　zhu^4　　ḍi̯u^2　　直主切　　B09-0802

①足を止める。立ち止まる。

嶋 zhu⁴ ȡi u² 直主切 B09-0803

①天嶋　調べて見るに『爾雅』に「霍山は南嶽と言う。」とある。郭璞は「天柱山である。俗字は山をつける。」と言う。

詡 xu³ χi u² 況羽切 B09-0901

①和やか。②あまねし。③ゆきわたること。④おおげさのこと。⑤『禮記』に「詡はすばしこくて勇ましいこと。」とある。

冔 xu³ χi u² 況羽切 B09-0902

①殷の冠の名。

昫 xu³ χi u² 況羽切 B09-0903

①冔に同じ。

姁 xu³ χi u² 況羽切 B09-0904

①『呂氏春秋』に「姁は姁然、相楽しむなり。」とある。②又、漢高后の字、娥姁。③『説文』に「老婦人」とある。

栩 xu³ χi u² 況羽切 B09-0905

①木名。櫟。『説文』に「櫟なり。その実はどんぐり。又、様ともいう」様音象［ziang²］

珝 xu³ χi u² 況羽切 B09-0906

①玉名。

欨 xu¹ χi u² 況羽切 B09-0907

①『説文』に「息を吹き付ける。」とある。②一説に「笑う」③本、火于切［xi u¹］

祤 yu³ χi u² 況羽切 B09-0908

①祋祤　県名。馮翊にある。

○祋祤

咻　xiu¹　　　　ẋiu²　　　祝羽切　　　B09-0909

①噢咻　病気の時に出る喘ぎ音。

昫　xu¹　　　　ẋiu²　　　祝羽切　　　B09-0910

①提示する。差し出し示す。

姁　xu³　　　　ẋiu²　　　祝羽切　　　B09-0911

①郷名。安邑にある。

煦　xu¹　　　　ẋiu²　　　祝羽切　　　B09-0912

①暖かい。②又、香句切〔xiu³〕

豎　shu⁴　　　　ẑiu²　　　臣庚切　　　B09-1001

①立つ。②又、年少の下僕。③又、姓。『左伝』に「鄭に大夫豎拊がいる」とある。

竪　shu⁴　　　　ẑiu²　　　臣庚切　　　B09-1002

①豎の俗字。

樹　shu⁴　　　　ẑiu²　　　臣庚切　　　B09-1003

①扶樹　助ける。救護する。

　○扶樹

裋　shu⁴　　　　ẑiu²　　　臣庚切　　　B09-1004

①粗末な衣服。

庾　yu³　　　　jiu²　　　以主切　　　B09-1101

①倉庾　穀物蔵。②又、姓。潁川、新野の二名家の出。本は堯の時、掌大夫となる。それで、これを氏姓とした。

窳　yu³　　　　jiu²　　　以主切　　　B09-1102

①器の中が空のもの。②痩せ衰えていること。

窬　yu³　　　jiu²　　以主切　　B09-1103

①窳に同じ。

揄　dan³　　　jiu²　　以主切　　B09-1104

①刺す。

悇　yu³　　　jiu²　　以主切　　B09-1105

①惧れる。

蕍　yu³　　　jiu²　　以主切　　B09-1106

①百蕍草　草名。

○百蕍草

愈　yu⁴　　　jiu²　　以主切　　B09-1107

①いよいよ。益々。②すぐれる。③勝る。

瘉　yu⁴　　　jiu²　　以主切　　B09-1108

①病。『説文』に「病が癒えること」とある。

瓜瓜　yu³　　　jiu²　　以主切　　B09-1109

①微弱。瓜が二つ、茎の先に生ると、その重さで根が持たない事から、本が末に適わない事いう。

貐　yu³　　　jiu²　　以主切　　B09-1110

①獣名。龍の首をしていて人を食う。『説文』に「猰貐　貙に似ていて、虎の爪をしていて、人を食い疾走する。」とある。

梗　yu²　　　jiu²　　以主切　　B09-1111

①木名。梓の類。葉は大きくて桐の葉に似ていて、黒い。

斞　　yu³　　　　　ji u²　　　以主切　　　B09-1112

①古代容器の名。量度の単位になる。

主　　zhu³　　　　ʦi u²　　　之庾切　　　B09-1201

①司る。②かしら。首領。③かかり。つかさ。④守る。⑤君主。⑥『説文』に「燭台の灯」とある。⑦又、姓。『姓苑』にある。

麈　　zhu³　　　　ʧi u²　　　之庾切　　　B09-1202

①獸名。鹿の類。『華陽國志』に「鄣県宜君山に麈尾を産す。」とある。

枓　　zhu³　　　　ʦi u²　　　之庾切　　　B09-1203

①杓子。

宔　　zhu³　　　　ʦi u²　　　之庾切　　　B09-1204

①『説文』に「古代の宗廟の中に神主をしまって置く石函。」とある。②或いは祏に作る。

炷　　zhu³　　　　ʦi u²　　　之庾切　　　B09-1205

①燈炷　灯。②又、音注 [ʦi u³]

○燈炷

傴　　yu³　　　　ɸi u²　　　於武切　　　B09-1301

①伸びない事。②せむし。荀卿子は「周公は背をかがめていた。」という。

噢　　yu³　　　　ɸi u²　　　於武切　　　B09-1302

①噢咻　病の時に発する呻き声。

○噢咻

迂　　yu¹　　　　ɸi u²　　　於武切　　　B09-1303

①迂回する様。

齲　　qu³　　　　ki u²　　　驅雨切　　　B09-1401

①歯の病。後漢の梁冀の妻が心配そうな顔をして、化粧の顔に泣き痕をつけ、齲歯の痛さの為、笑っているように見え、腰を折って歩いていた。

踽　　ju³　　　　ki u²　　　驅雨切　　　B09-1402

①踤踽　物を打つ様。②独りで行く様。

○踤踽

竘　　qu³　　　　ki u²　　　驅雨切　　　B09-1403

①巧みな事。②又、音口〔kəu²〕

拄　　zhu³　　　ti u²　　　知庾切　　　B09-1501

①傍らから指示する。

柱　　zhu³　　　ti u²　　　知庾切　　　B09-1502

①柱夫草　草名。別名　搖草。

○柱夫草

丶　　zhu³　　　ti u²　　　知庾切　　　B09-1503

①句点。『説文』に「そこで切れるか、止まることが有ったら、を打って示す」と有る。

黈　　zhu³　　　ti u²　　　知庾切　　　B09-1504

①黈點　義は丶に同じ。（句點）

乳　　ru³　　　　ȵi u²　　　而主切　　　B09-1601

①柔らかい。

擩　　ru³　　　　ȵi u²　　　而主切　　　B09-1602

①物を取る。

醹	ru²	ȵiu²	而主切	B09-1603

①醇厚な酒。

窶	ju⁴	giu²	其矩切	B09-1701

①貧困なこと。

貗	ju³	giu²	其矩切	B09-1702

①獣名。『爾雅』に「豥の子を貗という。」とある。形は小豚に似ていて動きが鈍い。

數	shu³	ṣiu²	所矩切	B09-1801

①『説文』に「数える。」とある。②又、所句［ṣiu³］・所角［ṣɔk⁴］二切

籔	shu³	ṣiu²	所矩切	B09-1802

①褰籔　物を置く四本足の小さな台。
　○褰籔

矩	ju³	kiu²	俱雨切	B09-1901

①規則。②一定の決まり。

榘	ju³	kiu²	俱雨切	B09-1902

①矩に同じ。②『説文』に「又、其呂切［gio²］」とある。

踽	ju³	kiu	俱雨切	B09-1903

①独り行くさま。②又、驅雨切［kiu³］

枸	ju³	kiu²	俱雨切	B09-1904

①木名。蜀に出る。実は食べられる。江南では木蜜といい、その木を酒に近づけるとほんのりと酒の味がする。

萬　　ju³　　　kiu²　　　俱雨切　　　B09-1905

①姓。漢に萬章がいる。②又、音禹 [ɣiu²]

聎　　ju³　　　kiu²　　　俱雨切　　　B09-1906

①聴耳をたててよく聴き取る。

楰　　ju³　　　kiu²　　　俱雨切　　　B09-1907

①果名。曲枝果。

翗　　qu²　　　kiu²　　　俱雨切　　　B09-1908

①羽毛の末端の弯曲している部分。②又、求俱切 [giu²]

楀　　yu³　　　kiu²　　　俱雨切　　　B09-1909

①楀氏　木名。②又、音禹 [ɣiu²]

蒟　　ju³　　　kiu²　　　俱雨切　　　B09-1910

①蒟醤　植物名。蜀に出て、其の葉は桑に似ていて、実は桑の実に似ている。②又、音句 [giu¹]

○蒟醤

枳　　ju³　　　kiu²　　　俱雨切　　　B09-1911

①枳椇　木名。けんぽなし。

○枳椇

取　　qu³　　　tsiu²　　　七庾切　　　B09-2001

①収める。②受取る。

縷　　lü³　　　liu²　　　力主切　　　B09-2101

①絲縷　糸筋。

○絲縷

| 嶁 | lou² | liu² | 力主切 | B09-2102 |

①贏嶁縣　縣名。交阯にある。

| 僂 | lou² | liu² | 力主切 | B09-2103 |

①僂傴　疾病。せむし。

○僂傴

| 褸 | lü³ | liu² | 力主切 | B09-2104 |

①襤褸　ぼろぼろの衣類。『説文』に「衿」とある。

○襤褸

| 簍 | lü³ | liu² | 力主切 | B09-2105 |

①竹籠。

| 嶁 | lou³ | liu² | 力主切 | B09-2106 |

①岣嶁　衡山の別名。

| 謱 | lou² | liu² | 力主切 | B09-2107 |

①覼謱　詳細。

○覼謱

| 慺 | lou² | liu² | 力主切 | B09-2108 |

①姓。『纂文』に出る。

| 漊 | lü³ | liu² | 力主切 | B09-2109 |

①『説文』に「雨が降りやまない」とある。②一説に「汝南の人は飲酒が習慣となって酔わないことを漊という」とある。

| 鸗 | lü³ | liu² | 力主切 | B09-2110 |

①鵅鸗鳥　鳥名。今の郭公。

○𪛊 㸓鳥

嬼　　lü³　　　　　liu²　　　　力主切　　　B09-2111
①女性に対する蔑称。（品行不正の女子に対する）

茆　　lü³　　　　　liu²　　　　力主切　　　B09-2112
①草名。蓬の類。

蔞　　lü³　　　　　liu²　　　　力主切　　　B09-2113
①草名。白よもぎ。魚と烹ることができる。②又、力倶切［liu¹］

縮　　xu¹　　　　　siu²　　　　相庾切　　　B09-2201
①獣の両前脚を繋ぐこと。

䅡　　xu³　　　　　siu²　　　　相庾切　　　B09-2202
①草名。

䝳　　zhu⁴　　　　ʑiu²　　　　鶵庾切　　　B09-2301
①小さな牝豚。

豵　　zhu⁴　　　　ʑiu²　　　　鶵庾切　　　B09-2302
①䝳に同じ。

遇　　yu⁴　　　　　ngiu³　　　牛具切　　　C10-0101
①予期せずしてばったり会うこと。②又、姓。何氏『姓苑』に「東莞の人、『風俗通』に"漢に遇沖がいる。河内の太守となる。"」とある。

寓　　yu⁴　　　　　ngiu³　　　牛具切　　　C10-0102
①寄せる。

庽　　yu⁴　　　　　ngiu³　　　牛具切　　　C10-0103

①寓に同じ。

娪　　　yu⁴　　　ngiu³　　　牛具切　　　C10-0104

①娪妬　　女が男に嫉妬する事。

○娪妬

瘀　　　yu⁴　　　ngiu³　　　牛具切　　　C10-0105

①いぼ。（手足その他、体の表面にできる肉の突起）

禺　　　yu⁴　　　ngiu³　　　牛具切　　　C10-0106

①獣名。尾長猿の類。②又、音愚［ngiu¹］

鸆　　　yu⁴　　　ngiu³　　　牛具切　　　C10-0107

①鸆鼠　　鳥名。

○鸆鼠

嫗　　　yu⁴　　　ɸiu³　　　衣遇切　　　C10-0201

①老嫗　　老婆。

藲　　　ou¹　　　ɸiu³　　　衣遇切　　　C10-0202

①木名。棘楡。

饇　　　yu⁴　　　ɸiu³　　　衣遇切　　　C10-0203

①飽饇　　食べ飽きる。

○飽饇

樹　　　shu⁴　　　ʑiu³　　　常句切　　　C10-0301

①木の総称。②打ち立てる。③又、姓。『姓苑』に「今の江東にこの姓がある。『後魏官氏志』に「樹洛干氏、後に改めて樹氏とした。」とある。

| 夊 | shu⁴ | ẑi u³ | 常句切 | C10-0302 |

①老人が道をよぼよぼと歩いているさま。

| 澍 | shu⁴ | ẑi u³ | 常句切 | C10-0303 |

①時雨。②又、音注［tsi u³］

| 尌 | shu⁴ | ẑi u³ | 常句切 | C10-0304 |

①打ち立てる。

| 侸 | shu⁴ | ẑi u³ | 常句切 | C10-0305 |

①尌に同じ。

| 住 | zhu⁴ | ḓi u³ | 持遇切 | C10-0401 |

①止まる。②又、姓。『姓苑』に出る。

| 牏 | yu² | ẑi u³ | 持遇切 | C10-0402 |

①築地を築く時、土を両側から挟む短い板。

| 逗 | zhu⁴ | ẑi u³ | 持遇切 | C10-0403 |

①姓。何承天の『纂文』に出る。②又、音豆［dəu³］

| 附 | fu⁴ | bi u³ | 符遇切 | C10-0501 |

①寄附　金品を与える。②又、姓。『晋書』に「附都」がいる。

| 坿 | fu⁴ | bi u³ | 符遇切 | C10-0502 |

①白坿　石名。白石英。②『説文』に「益。増益」とある。

○白坿

| 祔 | fu⁴ | bi u³ | 符遇切 | C10-0503 |

①祭名。死者を祖先と合葬する。②又、合葬する事。

賻 fu⁴ bi u³ 符遇切 C10-0504

①死者の遺族に金品を贈る。②助ける。援助する。

駙 fu⁴ bi u³ 符遇切 C10-0505

①駙馬　都尉の官名。漢の武帝が掌駙馬を置く。晋の尚公主はこれに駙副馬を加えた。②一説に「近付く」とある。③又、速い。

鮒 fu⁴ bi u³ 符遇切 C10-0506

①魚名。ふな。

䩙 fu⁴ bi u³ 符遇切 C10-0507

①䩙䩗　衣類を着る事。

○䩙䩗

蚹 fu⁴ bi u³ 符遇切 C10-0508

①蚹蛇　蛇の腹の下側にある、黄色の横並びの鱗。前にゆくことが出来る。②『爾雅』に「蚹蠃蜾蠃は蝸牛（かたつむり）」とある。

跗 fu⁴ bi u³ 符遇切 C10-0509

①古の医者、兪跗の名。『史記』にある。

腑 fu³ bi u³ 符遇切 C10-0510

①六腑。胃・胆・膀胱・三焦

注 zhu⁴ tɕi u³ 之戍切 C10-0601

①灌注　注ぐ。②又、注記　注として記入すること。
○灌注 ○注記

疰 zhu⁴ tɕi u³ 之戍切 C10-0602

①病名。慢性の伝染病。

眾	zhu³	ɕiu³	之戍切	C10-0603

①小魚網。

狿	zhu⁴	ɕiu³	之戍切	C10-0604

①犬名。黄色の体で頭が黒い犬。

鑄	zhu⁴	ɕiu³	之戍切	C10-0605

①鎔鑄　溶かして鋳込む。②又、姓。堯の後、国名をもって氏姓とした。
○鎔鑄

馵	zhu⁴	ɕiu³	之戍切	C10-0606

①馬の後足の白いもの。

註	zhu⁴	ɕiu³	之戍切	C10-0607

①註射　流暢に話す。『埤蒼』に出る。②又、音駐 [ʈiu³]
○註射

炷	zhu⁴	ɕiu³	之戍切	C10-0608

①燈炷　灯心。
○燈炷

澍	zhu⁴	ɕiu³	之戍切	C10-0609

①時雨。②又、殊遇切 [ʑiu³]

霔	zhu⁴	ɕiu³	之戍切	C10-0610

①霖霔　ながあめ。
○霖霔

獾	zhu⁴	ɕiu³	之戍切	C10-0611

①郷名。河南にある。

| 絑 | zhu⁴ | tɕiu³ | 之戍切 | C10-0612 |

①老人の白髮のさま。②又、音赴 [ɸiu³]

| 祩 | zhu⁴ | tɕiu³ | 之戍切 | C10-0613 |

①呪う。②祈る。

| 硃 | zhu⁴ | tɕiu³ | 之戍切 | C10-0614 |

①村名。

| 鞋 | zhu⁴ | tɕiu³ | 之戍切 | C10-0615 |

①革製の袴。

| 蛀 | zhu⁴ | tɕiu³ | 之戍切 | C10-0616 |

①蟲名。木喰い虫。

| 屨 | ju⁴ | kiu³ | 九遇切 | C10-0701 |

①古代の履物の類。『方言』に「履を関より以西、屨という」とある。

| 句 | ju⁴ | kiu³ | 九遇切 | C10-0702 |

①章句　注。文句。②又、音溝 [kəu¹]・音構 [kiu³]
○章句

| 蒟 | ju³ | kiu³ | 九遇切 | C10-0703 |

①蒟醬　植物名。蜀に出て、その葉は桑に似ていて、実は桑の実に似ている。②又、音矩 [kiu²]

| 絇 | qu² | kiu³ | 九遇切 | C10-0704 |

①絲絇　麻糸で絇った麻繩。
○絲絇

瞿　　ju⁴　　kiu³　　九遇切　　C10-0705

①驚視のさま。②又、音衢［giu¹］

界　　ju⁴　　kiu³　　九遇切　　C10-0706

①驚きの余り、目を挙げて見開く事。『埤蒼』にあり。

恂　　ju⁴　　kiu³　　九遇切　　C10-0707

①恐恂　驚き左右を見ること。
○恐恂

昫　　xu⁴　　χiu³　　香句切　　C10-0801

①日光。『説文』に「日が出て暖かくなること。」とある。②北地に昫衍県がある。

煦　　xu⁴　　χiu³　　香句切　　C10-0802

①昫に同じ。

酗　　xu⁴　　χiu³　　香句切　　C10-0803

①酒に酔って怒り出すこと。酒乱。②亦、酗に作る。

呴　　xu⁴　　χiu³　　香句切　　C10-0804

①吐沫。沫（つばき）

姁　　xu³　　χiu³　　香句切　　C10-0805

①老婦人。

蝺　　xu⁴　　χiu³　　香句切　　C10-0806

①蟲名。幼い蚕。

戍　　shu⁴　　śiu³　　傷遇切　　C10-0807

①止まる。②防衛地。③辺境を守備する士兵。

腧　　shu⁴　　　ši u³　　　傷遇切　　C10-0808
①体内の五臓六腑の気が集まっているところ。いわゆる灸のつぼ。

輸　　shu⁴　　　ši u³　　　傷遇切　　C10-0809
①送る。②又、式朱切［ši u¹］

趡　　shu⁴　　　ši u³　　　傷遇切　　C10-0810
①馬が前に跳ねて進むこと。

鞼　　shu⁴　　　ši u³　　　傷遇切　　C10-0811
①刀の鞘。

隃　　shu⁴　　　ši u³　　　傷遇切　　C10-0812
①雁門山のこと。

褕　　shu⁴　　　ši u³　　　傷遇切　　C10-0813
①射褕　衣類を着ること。
○射褕

毹　　shu⁴　　　ši u³　　　傷遇切　　C10-0814
①毛。

裕　　yu¹　　　ji u³　　　羊戍切　　C10-0901
①豊かなこと。ゆったりしていること。②道理。③受け入れる。④広い。

褎　　yu¹　　　ji u³　　　羊戍切　　C10-0902
①裕に同じ。

覦　　yu²　　　ji u³　　　羊戍切　　C10-0903
①覬覦　身分不相応なことを望み願う。②又、音俞［ji u¹］

○䚋覾

諭　yu¹　　　jiu³　　　羊戍切　　　C10-0904

①譬諭　たとえ。②諭す。言い聞かせる。③又、姓。東晋に諭歸がおり、『西河記』二巻を撰した。③何承天は「喩音樹〔ziu³〕・豫章の人」という。

喩　yu¹　　　jiu³　　　羊戍切　　　C10-0905

①諭に同じ。

籲　yu¹　　　jiu³　　　羊戍切　　　C10-0906

①呼ぶ。②又、和する。『書傳』にある。

幮　yu¹　　　jiu³　　　羊戍切　　　C10-0907

①顔を隠す巾帛。覆面。頭巾の類。

孺　ru²　　　ȵiu³　　　而遇切　　　C10-1001

①幼い。若い。②『爾雅』に「親族。」とある。③『説文』に「乳飲み子。」とある。④一説に「輸は孺なり。輸、孺はなお小さいこと」とある。

㜮　ru²　　　ȵiu³　　　而遇切　　　C10-1002

①孺の俗字。

擩　ru³　　　ȵiu³　　　而遇切　　　C10-1003

①擩䄺　こっそり人に物を渡す。
○擩䄺

犞　ru³　　　ȵiu³　　　而遇切　　　C10-1004

①牛の胵。

赴　fu¹　　　pʰiu³　　　芳遇切　　　C10-1101

①奔赴　駆け付ける。②『爾雅』に「至る」とある。③『説文』に「赴く」とある。
　○奔赴

麤　fu⁴　　　pi u³　　　芳遇切　　　C10-1102
①速いさま。疾走のさま。

赻　fu⁴　　　pi u³　　　芳遇切　　　C10-1103
①麤に同じ。

姝　zhu⁴　　　pi u³　　　芳遇切　　　C10-1104
①老人の白頭。②又、音注 [tɕi u³]

豧　fu⁴　　　pi u³　　　芳遇切　　　C10-1105
①豚の哭き声。

簠　fu³　　　ki u³　　　芳遇切　　　C10-1106
①古代の食器、祭器に用いられた。②又、甫于 [pi u¹]・方武 [pi u²] 二切

訃　fu⁴　　　pi u³　　　芳遇切　　　C10-1107
①喪を知らせる。②又、やってくる。

什　bo²　　　pi u³　　　芳遇切　　　C10-1108
①倒れる。②『説文』に「音匐 [bi uk⁴]」とある。

仆　fu⁴　　　pi u³　　　芳遇切　　　C10-1109
①僵仆　躓き倒れる。②『説文』に「転ぶ」とある。
　○僵仆

趋　fu⁴　　　pi u³　　　芳遇切　　　C10-1110
①『説文』に「急ぎ行くさま。」とある。

娩　　fu⁻¹　　　　pi u³　　　　芳遇切　　　　C10-1111

①小兎。②又、孚万切［piwɒn³］

務　　wu⁻¹　　　　mi u³　　　　亡遇切　　　　C10-1201

①仕事。②又、努める。③俄に。慌しい。④赴く。⑤又、姓。『列仙伝』に「務光」がある。

婺　　wu⁻¹　　　　mi u³　　　　亡遇切　　　　C10-1202

①婺女　星名。

○婺女

霧　　wu⁻¹　　　　mi u³　　　　亡遇切　　　　C10-1203

①『元命包』に「陰と陽が入り乱れて霧となる。」とある。②『爾雅』に「地の気が発して、天がこれに応じないのを霧という。」とある。③『釋名』に「霧は冒すなり。気が地の物に覆い被さる。」とある。

霚　　wu⁻¹　　　　mi u³　　　　亡遇切　　　　C10-1204

①霧に同じ。『説文』参照。

騖　　wu⁻¹　　　　mi u³　　　　亡遇切　　　　C10-1205

①馳せる。駆ける。②勢い良く走る。③速く走る。

犖　　wu⁻¹　　　　mi u³　　　　亡遇切　　　　C10-1206

①六月生れの羊。

鶩　　wu⁻¹　　　　mi u³　　　　亡遇切　　　　C10-1207

①鶏の雛。ひよこ。

蝥　　wu⁻¹　　　　mi u³　　　　亡遇切　　　　C10-1208

①芯喰い虫の名。稲の根を喰う害虫。②亦、蟊に作る。

| 氂 | wu¹ | mi u³ | 亡遇切 | C10-1209 |

①両膝を地につけること。②又、拝礼する。

| 䌉 | wu¹ | mi u³ | 亡遇切 | C10-1210 |

①繭から取り出した絹糸の残り。

| 䘾 | wu¹ | mi u³ | 亡遇切 | C10-1211 |

①頭巾。

| 䣱 | wu¹ | mi u³ | 亡遇切 | C10-1212 |

①丘陵。

| 孜 | wu¹ | mi u³ | 亡遇切 | C10-1213 |

①『説文』に「強い」とある。

| 鶩 | wu¹ | mi u³ | 亡遇切 | C10-1214 |

①鳥名。②又、音目 [mi uk⁴]。

| 緅 | zou¹ | tsi u³ | 子句切 | C10-1301 |

①青赤色。②又、子侯切 [tsi u¹]。

| 足 | zu² | tsi u³ | 子句切 | C10-1302 |

①不足を補う。②本音入声 [tsi wok⁴]。

| 懼 | ju¹ | gi u³ | 其遇切 | C10-1401 |

①怖懼　恐れおののく。
　○怖懼

| 具 | ju¹ | gi u³ | 其遇切 | C10-1402 |

①備えている。②処理する。③又、姓。『左傳』に「具丙」がいる。

埧　　　ju¹　　　giu³　　　其遇切　　　C10-1403

①堤防。

臞　　　qu²　　　giu³　　　其遇切　　　C10-1404

①痩せ衰える。②又、音瞿 [kiu³]

芋　　　yu¹　　　jiu³　　　王遇切　　　C10-1501

①里芋。別名蹲鴟。『廣志』に「蜀漢地方では芋を財産とする。大体、十四等級ある。君子芋のごときは一斗升くらいの大きさがある。杵䈥、其車轂、鋸子旁、巨青邊の四芋は子芋が沢山つく。」とある。

雨　　　yu¹　　　jiu³　　　王遇切　　　C10-1502

①『詩経』に「雨雪其雱」とある。②又、音禹 [ɣiu²]

羽　　　yu³　　　jiu³　　　王遇切　　　C10-1503

①鳥の翼。②又、五声の一。宮・商・角・徴・羽の一つ。『晋書』の『樂志』に「宮は中なり。中和の道。行き過ぎる事なく、繕うこともせず。商は強である。金の性質、堅強である。角は觸（感じ動く）である。諸諸の陽気が感じ動いて生じる。徴は止である。物が盛んになれば、必ず止まるもの。羽は舒（ゆるやか）である。陽気が本にもどってくると、万物は子を生み育て、伸やかに生きる。」とある。②又、音禹 [ɣiu²]

霸　　　yu⁴　　　jiu³　　　王遇切　　　C10-1504

①『説文』に「水音」とある。

吁　　　yu⁴　　　jiu³　　　王遇切　　　C10-1505

①怪しむ時の辞。

塸　　　ju¹　　　dziu³　　　才句切　　　C10-1601

①土を積み上げたもの。

聚　　　ju¹　　　dziu³　　　才句切　　　C10-1602

①（あつめる）②又、慈雨切 [dziu²]

| 揀 | shu⁴ | ʂiu³ | 色句切 | C10-1701 |

①装揀　装束。　②又、所據切［ʂio³］

○装揀

| 數 | shu⁴ | ʂiu³ | 色句切 | C10-1702 |

①　數　算術。数学。古代の算法の名。『周禮』に九數がある。方田・粟米・差分・少廣・商功・均輸・方程・贏不足・旁要である。『世本』に「隸首では數に作る。」とある。②又、色矩［ʂiu²］・色角［ʂɔk⁴］二切。③又、音速［suk⁴］

| 毹 | shu⁴ | ʂiu³ | 色句切 | C10-1703 |

①裁ち残りの正幅の布。

| 付 | fu⁴ | piu³ | 方遇切 | C10-1801 |

①交付する。与える。

| 賦 | fu⁴ | piu³ | 方遇切 | C10-1802 |

①吟詠。詩歌の表現手法に六義ある。二つ目が賦である。②『釋名』に「敷・布はその義は賦と同じ。」とある。③『漢書』に「歌わずして唱えることを賦という。」とある。④集め取る。⑤量る。⑥割り当てる。⑦税。

| 傅 | fu⁴ | piu³ | 方遇切 | C10-1803 |

①補佐する。②亦、姓。本は傳説より、傅巖が出たので、それを氏姓とした。北地、清河の二名門の出。

| 髩 | fu⁴ | piu³ | 方遇切 | C10-1804 |

①頭の上に束ねたままの髪。

| 阧 | fu⁴ | piu³ | 方遇切 | C10-1805 |

①丘名。

| 搏 | bo² | piu³ | 方遇切 | C10-1806 |

①撃つ。②又、布莫切 [pɔk⁴]

娶　　qu³　　　　tɕiu³　　　　七句切　　　　C10-1901

①『説文』に「娶る。嫁を貰う。」とある。

趣　　qu⁴　　　　tɕiu³　　　　七句切　　　　C10-1902

①趣向　意向。思惑。②又、親足 [tɕiwok⁴]・七俱 [tɕiu¹]・倉苟 [tsʰəu²] 三切

註　　zhu⁴　　　　tiu³　　　　中句切　　　　C10-2001

①意味を説明して、各条ごとに記す。注釈。②又、音注 [tɕiu³]

銶　　zhu⁴　　　　tiu³　　　　中句切　　　　C10-2002

①置く。設ける。②古代死者を送る器物。

駐　　zhu⁴　　　　tiu³　　　　中句切　　　　C10-2003

①馬車が止まる。

軴　　zhu⁴　　　　tiu³　　　　中句切　　　　C10-2004

①車が止まる。

住　　zhu⁴　　　　tiu³　　　　中句切　　　　C10-2005

①手をじっと止める。②又、長句切 [diu¹]

遄　　zhu⁴　　　　tiu³　　　　中句切　　　　C10-2006

①馬が前に進まぬこと。

壴　　zhu⁴　　　　tiu³　　　　中句切　　　　C10-2007

①『説文』に「楽器を並べること。」とある。

咮　　zhu⁴　　　　tiu³　　　　中句切　　　　C10-2008

①鳥の鳴き声。

| 亍 | chu⁴ | ţiu³ | 中句切 | C10-2009 |

①歩きを止めること。

| 驅 | qu¹ | ki u³ | 區遇切 | C10-2101 |

①（馬に鞭をいれて駆けさせる。）②又、羌愚切〔ki u¹〕

| 牰 | ou¹ | ḱi u³ | 區遇切 | C10-2102 |

①雄牛。

| 菆 | zou¹ | ʑi u³ | 甾住切 | C10-2201 |

①鳥の巣。

| 敱 | chu⁴ | ʑi u³ | 甾住切 | C10-2202 |

①勇

| 腏 | chu⁴ | ʑi u³ | 甾住切 | C10-2203 |

①美食。

| 閏 | chu⁴ | ţiu³ | 丑住切 | C10-2301 |

①真っ直ぐ開く。

| 㞕 | chu⁴ | ţiu³ | 丑住切 | C10-2302 |

①閏に同じ。

| 尟 | xian³ | siu³ | 思句切 | C10-2401 |

①少ない。②又、息淺切〔siɛn²〕

| 屨 | lü³ | liu³ | 良遇切 | C10-2501 |

①しばしば。②速い。

嚱 lü³   liu³   良遇切   C10-2502
　①嚱嚱　呉地方の人は犬のことをいう。方言である。
　○嚱嚱

模 mo²   mu¹   莫胡切   AI11-0101
　①のり。②型。③法式。

橅 mo²   mu¹   莫胡切   AI11-0102
　①模に同じ。『漢書』にある。

摸 mo²   mu¹   莫胡切   AI11-0103
　①手探りする。②亦、摹に作る。③又、音莫［mok⁴］

嫫 mo²   mu¹   莫胡切   AI11-0104
　①嫫母　黄帝の四妃、伝説上の醜婦。②亦媒に作る。

幠 wu⁴   mu¹   莫胡切   AI11-0105
　①牛馬車の先の牛馬をつける横木から車に被せる漆布。

䣛 mu²   mu¹   莫胡切   AI11-0106
　①䣛䣛　楡の実の核から作った調味料。②䣛　大胡切［du¹］

謨 mo²   mu¹   莫胡切   AI11-0107
　①謀る。謀。②亦、謩に作る。

謩 mo²   mu¹   莫胡切   AI11-0108
　①謨の古文字。

橅 mu²   mu¹   莫胡切   AI11-0109

①規格された墓地。

无 mo² mu¹ 莫胡切 AI11-0110

①南无　なむ阿弥陀仏。仏教典にある。②又、音無［mi u¹］

○南无

簰 wu² mu¹ 莫胡切 AI11-0111

①竹名。黒皮竹。

膜 mo² mu¹ 莫胡切 AI11-0112

①膜拜　胡人の礼拝。手を挙げて額につけ、跪いて拝礼する。

○膜拜

酺 pu² bu¹ 薄胡切 AI11-0201

①大酺　大宴会。人が集まって酒を飲み楽しむこと。『周禮』の注に「思うに、亦、祭壇を造り、水旱の祭りのようにして、族長が飲酒の礼をしないから、祭りの飲酒として、民が長幼ともに盃を酌み交わした」とある。②又、『漢律』に「三人以上集まって酒を飲むことは禁止されていたので、許可を貰って宴会をすることが出来た。」とある。

匍 pu² bu¹ 薄胡切 AI11-0202

①匍匐　腹ばいになって進む。

○匍匐

蜅 pu² bu¹ 薄胡切 AI11-0203

①蛤蜅　蛤の属。

○蛤蜅

莆 pu² bu¹ 薄胡切 AI11-0204

①莆亂　乱れた草を取り片付ける。

○莎亂

樸 pu³　　bu¹　　薄胡切　　AI11-0205

①樸劓　県名。武威にある。②　音還［ɤuan¹］

菩 pu²　　bu¹　　薄胡切　　AI11-0206

①梵語の菩提、漢語の王道のこと。

蒲 pu²　　bu¹　　薄胡切　　AI11-0207

①魚の干物。②雉の胸肉。

蒲 pu²　　bu¹　　薄胡切　　AI11-0208

①草名。藺（いぐさ）に似ていて、席（いぐさで編んだ莚）を造ることができる。②亦、州名。舜が都としたところ、蒲坂。秦は河東郡とした。後魏は雍州とした。蒲坂に因んで名付けた。③又、『風俗通』に「漢に詹事の蒲昌がいる。又、苻洪の前の家の池に蒲が生えていた。長さが五丈もあって、形は竹のようであった。時の人はこれを蒲家といった。それで、それに因んで氏姓とした。④又、漢の複姓。蒲姑・蒲城・蒲圃の三氏あり。何氏『姓苑』にあり。

蒱 pu²　　bu¹　　薄胡切　　AI11-0209

①摴蒱　博打。ちょぼばくち。『博物志』に「老子が胡に入り、摴蒱をつくった。」とある。

○摴蒱

箁 pu²　　bu¹　　薄胡切　　AI11-0210

①漁具。水底に沈めて魚を捕る、竹で編んだ漁具。篦びくの類。

胡 hu²　　ɤu¹　　戸呉切　　AI11-0301

①疑問代詞・反語助字。「なんぞ。いづくんぞ。どうして。」②胡虜　北方の異民族。③『説文』に「牛の顎の下に垂れさがった肉」とある。④亦、姓。安定・新蔡の二名門の出。⑤又、漢の複姓。二氏あり。齊の宣王胡母の弟が他に封ぜられた。胡母の里は遠かった。本々、胡公近は胡母の里で娶ったので、胡母氏とした。又、胡公の後裔に公子非がいたので、それに因んで、胡非を氏姓とした。⑥又、虜の複姓。『南涼録』に「禿髪壽闐の母の姓は胡掖氏である。」とある。

| 頶 | hu² | ɤu¹ | 戶呉切 | AI11-0302 |

①牛の顎の肉が垂れ下がっている。

| 㖒 | hu² | ɤu¹ | 戶呉切 | AI11-0303 |

①頶に同じ。

| 壺 | hu² | ɤu¹ | 戶呉切 | AI11-0304 |

①酒器。つぼ。『禮記・投壺篇』に「壺の頸の差し渡しは七寸、腹は五寸、口は三寸半、容量は一斗五升」とある。②亦、姓。『風俗通』に「漢に諫議大夫、壺遂がいる。」とある。

| 狐 | hu² | ɤu¹ | 戶呉切 | AI11-0305 |

①狐狢　狐と狸。②『説文』に「怪しい獣。鬼が乗り移る所、三徳あり。その色は中和・小前・豊後である。死んだら首丘。」とある。③又、姓。『左傳』に「晋に狐氏がいる。代わって卿大夫となる。」とある。

| 瓳 | hu² | ɤu¹ | 戶呉切 | AI11-0306 |

①甎瓳　大きな瓦。『博雅』に「甈甊」とある。
○甎瓳

| 餬 | hu² | ɤu¹ | 戶呉切 | AI11-0307 |

①食客となる。居候。②又、粥。「四方に寄食している。」（左伝・隠11）はこれである。③一本には飴に作る。

| 瑚 | hu² | ɤu¹ | 戶呉切 | AI11-0308 |

①瑚璉　祭器。古代、祭祀の際、穀物を盛るのに用いた器。
○瑚璉

| 湖 | hu² | ɤu¹ | 戶呉切 | AI11-0309 |

①江湖　みずうみ。『廣』（廣雅）に「湖」とある。
○江湖

| 鶘 | hu² | ɤu¹ | 戶呉切 | AI11-0310 |

①鶻鶻　鳥名。

○鶻鶻

猢　　hu²　　　　ɣu¹　　　　戸呉切　　　AI11-0311

①獼猢　獣名。オナガザルの類。まかくざるの通称。猿に似ている。

○獼猢

醐　　hu²　　　　ɣu¹　　　　戸呉切　　　AI11-0312

①醍醐　乳酪から精製した最上の飲み物。

○醍醐

黏　　hu²　　　　ɣu¹　　　　戸呉切　　　AI11-0313

①粘りつく。糊状のもの。

粘　　hu²　　　　ɣu¹　　　　戸呉切　　　AI11-0314

①黏に同じ。

麫　　hu²　　　　ɣu¹　　　　戸呉切　　　AI11-0315

①黏の俗字。

糊　　hu²　　　　ɣu¹　　　　戸呉切　　　AI11-0316

①黏の俗字。

弧　　hu²　　　　ɣu¹　　　　戸呉切　　　AI11-0317

①弓。

乎　　hu¹　　　　ɣu¹　　　　戸呉切　　　AI11-0318

①はて。きわ。　②疑問語気助詞。反問語気詞。感嘆語気助詞。

号　　hu²　　　　ɣu¹　　　　戸呉切　　　AI11-0319

①乎の古文字。

貜 hu² ɤu¹ 戸呉切 AI11-0320

①貜貜　獣名。猿に似ていて、体は黒く、腰回りは白く、手は長い白毛に覆われ、断崖絶壁を超えれる。②亦、玃に作る。

○貜貜

瓠 hu⁴ ɤu¹ 戸呉切 AI11-0321

①瓠蘆　夕顔。②又、音護［ɤu³］。

○瓠蘆

葫 hu² ɤu¹ 戸呉切 AI11-0322

①葫瓜　細長い夕顔。②草名。

○葫瓜

瘄 hu² ɤu¹ 戸呉切 AI11-0323

①瘄瘦　病名。物が喉に阻り下りて行かない病気。

○瘄瘦

鯃 hu² ɤu¹ 戸呉切 AI11-0324

①當鯃　魚名。時魚。

○當鯃

箶 hu² ɤu¹ 戸呉切 AI11-0325

①箶簏　えびら。矢を入れて背に負う道具。②又、竹名。

○箶簏

觚 hu² ɤu¹ 戸呉切 AI11-0326

①稜。角。

箶　　hu²　　　　ɤu¹　　　　戸呉切　　　AI11-0327

①箶箷　覆いの類。『韻略』にある。

○箶箷

補　　hu²　　　　ɤu¹　　　　戸呉切　　　AI11-0328

①衣服の前だれ。

樜　　hu²　　　　ɤu¹　　　　戸呉切　　　AI11-0329

①棗名。果実が大きくて上方が尖っているもの。②本は壺に作る。『爾雅』にある。

虖　　hu¹　　　　ɤu¹　　　　戸呉切　　　AI11-0330

①疑問・感嘆を表わす詞。

孤　　gu¹　　　　ku¹　　　　古胡切　　　AI11-0401

①幼時、父を亡くした孤児。②又、虜の複姓。獨孤・温孤・歩鹿孤・歩六孤・乙速孤氏がある。

苽　　gu¹　　　　ku¹　　　　古胡切　　　AI11-0402

①雕苽　水草名。菰（まこも）『説文』に「雕苽。一名蔣」とある。

菰　　gu¹　　　　ku¹　　　　古胡切　　　AI11-0403

①苽に同じ。

胍　　gu¹　　　　ku¹　　　　古胡切　　　AI11-0404

①胍肛　大腹。

○胍肛

㚋　　gu¹　　　　ku¹　　　　古胡切　　　AI11-0405

①大きい様。

姑 　gu¹　　ku¹　　古胡切　　AI11-0406
　①舅姑　夫または妻の父母。②又、父の姉妹。おば。
　○舅姑

辜 　gu¹　　ku¹　　古胡切　　AI11-0407
　①罪。

呱 　gu¹　　ku¹　　古胡切　　AI11-0408
　①嬰児の泣き声。

泒 　gu¹　　ku¹　　古胡切　　AI11-0409
　①川名。鴈門にある。

酤 　gu¹　　ku¹　　古胡切　　AI11-0410
　①酤酒　酒を売る。②又、胡五［ɣu²］・昆互［ku³］二切
　○酤酒

觚 　gu¹　　ku¹　　古胡切　　AI11-0411
　①古代の酒器の一種。酒杯。

蛄 　gu¹　　ku¹　　古胡切　　AI11-0412
　①螻蛄　虫名。けら。
　○螻蛄

箍 　gu¹　　ku¹　　古胡切　　AI11-0413
　①竹名。

鴣 　gu¹　　ku¹　　古胡切　　AI11-0414
　①鷓鴣　鳥名。

○鴣鴣

樟　gu¹　　　ku¹　　　古胡切　　　AI11-0415

①木名。山楡。

姑　gu¹　　　ku¹　　　古胡切　　　AI11-0416

①『漢書』に「越の巫姑祠は雲陽にある。」とある。②亦、小児病の鬼。

沽　gu¹　　　ku¹　　　古胡切　　　AI11-0417

①川名。高密にある。

柧　gu¹　　　ku¹　　　古胡切　　　AI11-0418

①柧稜　方形の角材。

鈲　gu¹　　　ku¹　　　古胡切　　　AI11-0419

①鏃鈲　『字林』に「鏃鈲は魯の矢名。」とある。②『左傳』では「僕姑に作る。」とある。

觚　gu¹　　　ku¹　　　古胡切　　　AI11-0420

①古代、字を書くのに用いた四角い木片。②亦、瓠に作る。

麆　gu¹　　　ku¹　　　古胡切　　　AI11-0421

①麆息　目前の安きを求めること。②『禮記』は「姑」に作る。

○麆息

盬　gu³　　　ku¹　　　古胡切　　　AI11-0422

①塩池。陳楚の人は塩池のことを盬という。『方言』に出ている。②又、音古〔ku²〕

嫴　gu¹　　　ku¹　　　古胡切　　　AI11-0423

①『説文』に「引き受ける。保証する。」とある。

○鴣鵠

樟　　gu¹　　　　ku¹　　　古胡切　　　AI11-0415

①木名。山楡。

姑　　gu¹　　　　ku¹　　　古胡切　　　AI11-0416

①『漢書』に「越の巫姑祠は雲陽にある。」とある。②亦、小児病の鬼。

沽　　gu¹　　　　ku¹　　　古胡切　　　AI11-0417

①川名。高密にある。

柧　　gu¹　　　　ku¹　　　古胡切　　　AI11-0418

①柧稜　方形の角材。

鈷　　gu¹　　　　ku¹　　　古胡切　　　AI11-0419

①鏃鈷　『字林』に「鏃鈷は魯の矢名。」とある。②『左傳』では「僕姑」に作る。」とある。

觚　　gu¹　　　　ku¹　　　古胡切　　　AI11-0420

①古代、字を書くのに用いた四角い木片。②亦、觚に作る。

㖏　　gu¹　　　　ku¹　　　古胡切　　　AI11-0421

①㖏息　目前の安きを求めること。②『禮記』は「姑」に作る。

○㖏息

盬　　gu³　　　　ku¹　　　古胡切　　　AI11-0422

①塩池。陳楚の人は塩池のことを盬という。『方言』に出ている。②又、音古 [ku²]。

嫴　　gu¹　　　　ku¹　　　古胡切　　　AI11-0423

①『説文』に「引き受ける。保証する。」とある。

罛　　gu¹　　　　　ku¹　　　　古胡切　　　AI11-0424

①魚網。

軱　　gu¹　　　　　ku¹　　　　古胡切　　　AI11-0425

①頬骨。『荘子』にある。②又、骨盤。

箍　　gu¹　　　　　ku¹　　　　古胡切　　　AI11-0426

①たが。（帯状の輪）『異字苑』にある。

䐿　　gu¹　　　　　ku¹　　　　古胡切　　　AI11-0427

①䐿脯　大きな干肉。
〇䐿脯

瓜瓜　gu¹　　　　　ku¹　　　　古胡切　　　AI11-0428

①瓜名。

徒　　tu²　　　　　du¹　　　　同都切　　　AI11-0501

①伴がら。②徒歩く。③空しい。何もしない。④従者。僕。

辻　　tu²　　　　　du¹　　　　同都切　　　AI11-0502

①徒に同じ。

屠　　tu²　　　　　du¹　　　　同都切　　　AI11-0503

①殺す。②きり割く。③抉る。④『尸子』に「屠刹人は肉を割いて牛の老幼がわかる。」という。『史記』に「樊曾は若い時は狗殺しであった。」とある。⑤亦、姓。『左傳』に「晋に屠岸賈がいる。」とある。⑥又、音除［ɦio¹］

瘏　　tu²　　　　　du¹　　　　同都切　　　AI11-0504

①疲労から病気になる。

塗　　tu²　　　　　du¹　　　　同都切　　　AI11-0505

①泥。②道。道路。③亦、姓。『風俗通』に「漢の諫議大夫塗惲がいる。」とある。

| 途 | tu² | du¹ | 同都切 | AI11-0506 |

①道。

| 酴 | tu² | du¹ | 同都切 | AI11-0507 |

①酒の名。

| 駼 | tu² | du¹ | 同都切 | AI11-0508 |

①駒駼　馬名。『山海経』に「北海に獣あり。状は馬の如く、名づけて駒駼という」とある。

| 捈 | tu² | du¹ | 同都切 | AI11-0509 |

①虎の紋様のある牛。

| 鵌 | tu² | du¹ | 同都切 | AI11-0510 |

①鳥名。鼠と一緒に穴に棲む。

| 涂 | tu² | du¹ | 同都切 | AI11-0511 |

①川名。益州にある。

| 梌 | tu² | du¹ | 同都切 | AI11-0512 |

①木名。

| 楟 | tu² | du¹ | 同都切 | AI11-05013 |

①梌に同じ。

| 荼 | tu² | du¹ | 同都切 | AI11-0514 |

①つばな。

圖　　tu²　　du¹　　同都切　　AI11-0515

①『爾雅』に「謀る」とある。②『説文』に「図ることが難しい」とある。

啚　　tu²　　du¹　　同都切　　AI11-0516

①圖の俗字。本音鄙［pi²］

庩　　tu²　　du¹　　同都切　　AI11-0517

①庩麻　草庵。茅葺きの小屋。『通俗文』に「平屋を庩麻という」とある。

　○庩麻

鄌　　tu²　　du¹　　同都切　　AI11-0518

①郷名。

菟　　tu²　　du¹　　同都切　　AI11-0519

①菟丘　地名。②又、音吐［tu²］

捈　　tu²　　du¹　　同都切　　AI11-0520

①引く。

郗　　tu²　　du¹　　同都切　　AI11-0521

①地名。邾下の邑名。

稌　　tu²　　du¹　　同都切　　AI11-0522

①穀類の穂。

嵞　　tu²　　du¹　　同都切　　AI11-0523

①嵞山。古代の国名。禹が娶った所。②『説文』には「会稽山である。」とある。③一説に「九江の當嵞である。」とある。④亦崙に作る。⑤又、書では塗とも書く。

崙　　tu²　　du¹　　同都切　　AI11-0524

①㽞に同じ。

榃　　tu²　　　　du¹　　　　同都切　　　AI11-0525

①木名、ひさぎ。　木の別名。梓の一種。

鍍　　tu²　　　　du¹　　　　同都切　　　AI11-0526

①金鍍金。②又、音度［du³］

酴　　tu²　　　　du¹　　　　同都切　　　AI11-0527

①酱酴醤　　楡の実の核（仁）から作った醤。
○酱酴醤

蒤　　tu²　　　　du¹　　　　同都切　　　AI11-0528

①いたどり。

檡　　tu²　　　　du¹　　　　同都切　　　AI11-0529

①烏檡　　虎。楚では虎をいう。②『左傳』では「於菟」に作る。

鵌　　tu²　　　　du¹　　　　同都切　　　AI11-0530

①鳥名。『爾雅』に「鵚鵌鷱」、郭璞は「鳥に似ていて、蒼白色」という。

筡　　tu²　　　　du¹　　　　同都切　　　AI11-0531

①『爾雅』に「筒・筡・中は中空の竹類のこと。」とある。

奴　　nu²　　　　nu¹　　　　乃都切　　　AI11-0601

①奴隷。

伮　　nu²　　　　nu¹　　　　乃都切　　　AI11-0602

①奴の古文字。

砮　　nu²　　　　nu¹　　　　乃都切　　　AI11-0603

①砥石。

駑　nu² 　nu¹ 　乃都切　　AI11-0604

①駑馬。下等な馬。『字林』に「劣馬なり。」とある。

帑　nu² 　nu¹ 　乃都切　　AI11-0605

①『説文』に「金や布を蔵して置くところ。」とある。②又、他朗切［tɑng²］

孥　nu² 　nu¹ 　乃都切　　AI11-0606

①妻孥　妻子。『書傳』に「孥は子なり。」とある。

笯　nu² 　nu¹ 　乃都切　　AI11-0607

①鳥籠。

呼　hu¹ 　χu¹ 　荒烏切　　AI11-0701

①呼ぶ。②『説文』に「息を吐き出す。」とある。③又、姓。『列仙伝』に「仙人、呼子先がいる。」とある。④又、虜の複姓。二氏あり。『前趙録』に「匈奴の貴姓に呼延氏がある。」とある。⑤『後漢書』に「匈奴四姓に呼衍氏がある。」とある。⑥又、火故切［χu³］

哮　hu¹ 　χu¹ 　荒烏切　　AI11-0702

①哮哮　猛獣が怒りほえる。『周禮』に「鶏人、大祭祀を掌り、夜は呼ばわり、朝には百官を高声で大呼する。」とある。
　〇哮哮

虖　hu¹ 　χu¹ 　荒烏切　　AI11-0703

①姓。②『説文』に「哮虖（ほえる）」とある。

評　hu¹ 　χu¹ 　荒烏切　　AI11-0704

①亦、喚呼。

歔　　　hu¹　　　　χu¹　　　荒烏切　　　AI11-0705
　①暖かい息を吐き出す。　ハアーと。

戯　　　hu¹　　　　χu¹　　　荒烏切　　　AI11-0706
　①呼の古文字。

諕　　　hu¹　　　　χu¹　　　荒烏切　　　AI11-0707
　①大声で叫ぶ。②又、火故切［χu³］

腪　　　hu¹　　　　χu¹　　　荒烏切　　　AI11-0708
　①骨の無い干し肉。

幠　　　hu¹　　　　xu¹　　　荒烏切　　　AI11-0709
　①大きい。

葫　　　hu²　　　　χu¹　　　荒烏切　　　AI11-0710
　①にんにくの古名。張騫が大宛に使者として行って、手に入れた。これを食べると目を損なうといわれている。

怚　　　hu¹　　　　xu¹　　　荒烏切　　　AI11-0711
　①怯える。

軒　　　hu¹　　　　xu¹　　　荒烏切　　　AI11-0712
　①姓。

虍　　　hu¹　　　　xu¹　　　荒烏切　　　AI11-0713
　①『字林』に「虎の紋様」とある。

芋　　　hu¹　　　　xu¹　　　荒烏切　　　AI11-0714
　①草が多い様。

雐　　　hu¹　　　　　xu¹　　　　荒烏切　　　　AI11-0715

①鳥名。

魖　　　hu¹　　　　　xu¹　　　　荒烏切　　　　AI11-0716

①鬼の様。

滹　　　hu¹　　　　　xu¹　　　　荒烏切　　　　AI11-0717

①滹池　　川名。『周禮』には「虖池」に作る。

吾　　　wu²　　　　　ngu¹　　　　五乎切　　　　AI11-0801

①人称代名詞。一人称。我。　漢は中尉を改め執金吾とした。吾は御なり。金革を執って、非常事を禦す。②亦、姓。漢に廣陵令吾扈がいる。③又、漢の複姓。五氏あり。鄭公子が祿を徐吾之郷でとったことがあった。後にその名をとって、氏姓とした。『左傳』に「鍾吾子あり。その後裔がこれを氏姓とした。」とある。昆吾氏は昆吾国の後裔。由吾氏は秦の宰相由余の後裔である。古代、肩吾子という隠者がいた。

鼯　　　wu²　　　　　ngu¹　　　　五乎切　　　　AI11-0802

①鼠に似ている。むささび。或は飛生ともいう。②亦、鵂蜈とも書く。

鵐　　　wu²　　　　　ngu¹　　　　五乎切　　　　AI11-0803

①鼯に同じ。

蜈　　　wu²　　　　　ngu¹　　　　五乎切　　　　AI11-0804

①鼯に同じ。

吳　　　wu²　　　　　ngu¹　　　　五乎切　　　　AI11-0805

①吳越。国名。②又、姓。本は太伯の後裔が吳に封ぜられたことから始まり、、国名を氏姓にした。後に季札が国乱を避け、子孫は魯と衞の間に住まった。今の家柄は濮陽にある。

　○吳越

浯　　　wu²　　　　　ngu¹　　　　五乎切　　　　AI11-0806

①川名。

菩　　wu² 　　　ngu¹ 　　　五平切 　　　AI11-0807

①草名。艾に似ている。

猡　　wu² 　　　ngu¹ 　　　五平切 　　　AI11-0808

①猿の類。

珸　　wu² 　　　ngu¹ 　　　五平切 　　　AI11-0809

①琨珸　美石。

○琨珸

珸　　wu² 　　　ngu¹ 　　　五平切 　　　AI11-0810

①珸に同じ。

蜈　　wu² 　　　ngu¹ 　　　五平切 　　　AI11-0811

①蜈蚣　虫名。百足。

○蜈蚣

鄌　　wu² 　　　ngu¹ 　　　五平切 　　　AI11-0812

①郷名。東莞にある。

齬　　wu² 　　　ngu¹ 　　　五平切 　　　AI11-0813

①齟齬　上下の歯が噛みあわない。くいちがい。②又、音語 [ngio²]

○齟齬

鯃　　wu² 　　　ngu¹ 　　　五平切 　　　AI11-0814

①魚名。

娪　　wu² 　　　ngu¹ 　　　五平切 　　　AI11-0815

①美女。

鋘　　wu² 　　　ngu¹ 　　　五平切 　　　AI11-0816

①錕鋙　　山名。金を産す。色は赤く、火のようで、刀を作り、玉を切出せる。『越絶書』に出ている。

○錕鋙

梧　wu² 　　ngu¹ 　　五乎切 　　AI11-0817

①梧桐　木名。青桐。②又、姓。

峿　wu² 　　ngu¹ 　　五乎切 　　AI11-0818

①區峿　山名。

麌　wu² 　　ngu¹ 　　五乎切 　　AI11-0819

①雄の鹿。②又、音俁［ngiu²］

艈　wu² 　　ngu¹ 　　五乎切 　　AI11-0820

①船名。

祦　wu² 　　ngu¹ 　　五乎切 　　AI11-0821

①福。

租　zu¹ 　　tsu¹ 　　則吾切 　　AI11-0901

①積む。②租税。

苴　zu¹ 　　tsu¹ 　　則吾切 　　AI11-0902

①茅萱で編んだ敷物。封ぜられた諸侯の敷物は茅編の物である。②又、子余切［tsio¹］

盧　lu² 　　lu¹ 　　落胡切 　　AI11-1001

①『説文』に「飯器」とある。②亦、姓。姜姓の子孫が、盧に封ぜられたので、その国の名をとって、氏姓にした。范陽の出身。③又、漢の複姓。八氏あり。『列子』に「長盧子」、『孟子』に「屋盧子が書を著した。古の尊盧氏の後裔がこれを氏姓とした。古の蒲盧胥は弋（いぐるみ）が上手かった」とある。④亦、姜姓。『左傳』に「斉の大夫盧蒲　、後漢の諫議大夫東郡の

索盧放、何氏『姓苑』に「盧妃氏濟陽の人」とある。又、湛盧氏がいる。⑤亦、虜の複姓。五氏あり。『周書・豆盧寧傳』に「その先は慕容氏支庶」という。『後魏書』に「吐盧・沓盧・呼盧・東盧」等の氏がある。⑥又、三字姓。吐伏盧・奚計盧・莫胡盧の三氏あり。⑦俗字廬に作る。

鑪　　lu²　　　　　lu¹　　　落胡切　　　AI11-1002

①酒器。酒盆。②又、火を盛る器具。爐。冶金。

壚　　lu²　　　　　lu¹　　　落胡切　　　AI11-1003

①粗い黒土。

簵　　lu²　　　　　lu¹　　　落胡切　　　AI11-1004

①簵西竹　竹名。会稽に出る。

蘆　　lu²　　　　　lu¹　　　落胡切　　　AI11-1005

①葦の未だ穂が出ていないもの。②又、蘆菔　菜名。③亦、虜の姓。『後魏書』に「莫蘆氏、後に改めて蘆氏とした。」とある。

顱　　lu²　　　　　lu¹　　　落胡切　　　AI11-1006

①頭顱　頭頂骨。

〇頭顱

髗　　lu²　　　　　lu¹　　　落胡切　　　AI11-1007

①顱に同じ。

鱸　　lu²　　　　　lu¹　　　落胡切　　　AI11-1008

①魚名。

攎　　lu²　　　　　lu¹　　　落胡切　　　AI11-1009

① 集め執る。

櫨　　lu²　　　　　lu¹　　　　落胡切　　　　AI11-1010
①梓櫨　柱。②又、木名。はぜの木。

轤　　lu²　　　　　lu¹　　　　落胡切　　　　AI11-1011
①轆轤　ろくろ。円木をまわし、物を引き動かす滑車・旋盤の類。
○轆轤

黸　　lu²　　　　　lu¹　　　　落胡切　　　　AI11-1012
①漆黒。

玂　　lu²　　　　　lu¹　　　　落胡切　　　　AI11-1013
①韓玂　犬名。
○韓玂

鸕　　lu²　　　　　lu¹　　　　落胡切　　　　AI11-1014
①鸕鷀　水鳥名。別名魚鷹。

艫　　lu²　　　　　lu¹　　　　落胡切　　　　AI11-1015
①舟の後。とも。

纑　　lu²　　　　　lu¹　　　　落胡切　　　　AI11-1016
①布縷。ぼろきれ。

瀘　　lu²　　　　　lu¹　　　　落胡切　　　　AI11-1017
①川名。②亦、州名。蜀にある。

瓐　　lu²　　　　　lu¹　　　　落胡切　　　　AI11-1018
①玉名。

爐　　lu²　　　　　lu¹　　　　落胡切　　　　AI11-1019
①火鉢。『玉篇』にある。『漢官典職』に「尚書郎、女史二人を給し、潔い

衣服を著せ、香炉を執り、薫を焼かしむ。」とある。

旅　　lu² 　　　　　lu¹ 　　　　落胡切　　　AI11-1020
①黒弓。

髗　　lu² 　　　　　lu¹ 　　　　落胡切　　　AI11-1021
①旅の俗字。

廬　　lu³ 　　　　　lu¹ 　　　　落胡切　　　AI11-1022
①ひさし。②又、力古切［lu²］

甗　　lu² 　　　　　lu¹ 　　　　落胡切　　　AI11-1023
①酒器。

嚧　　lu² 　　　　　lu¹ 　　　　落胡切　　　AI11-1024
①豚を呼ぶ声。

矑　　lu² 　　　　　lu¹ 　　　　落胡切　　　AI11-1025
①まなこ。

癧　　lu² 　　　　　lu¹ 　　　　落胡切　　　AI11-1026
①『集略』に「悪性の腫れもの。」とある。

枦　　lu² 　　　　　lu¹ 　　　　落胡切　　　AI11-1027
①黄枦木　木名。染め物が出来る。
○黄枦木

鬣　　lu² 　　　　　lu¹ 　　　　落胡切　　　AI11-1028
①髪の毛が突っ立っていること。

盧　　lu² 　　　　lu¹ 　　　　落胡切　　　AI11-1029

①飯を盛る器皿。『説文』では「𠤎」という。

盧　　lu² 　　　　lu¹ 　　　　落胡切　　　AI11-1030

①盧に同じ。

𥂁　　lu² 　　　　lu¹ 　　　　落胡切　　　AI11-1031

①盧の籀文。

蠦　　lu² 　　　　lu¹ 　　　　落胡切　　　AI11-1032

①蠦蜰　昆虫名。ごきぶり。一名蜚。②又の名を蟑螂という。
〇蠦蜰

廬　　lu² 　　　　lu¹ 　　　　落胡切　　　AI11-1033

①隠れる。②　音邸［tiei²］

蘆　　lu² 　　　　lu¹ 　　　　落胡切　　　AI11-1034

①蘆會　薬名。
〇蘆會

蘇　　su¹ 　　　　su¹ 　　　　素姑切　　　AI11-1101

①紫蘇草　草名。②蘇木　木名。蘇枋木。③蘇つる。④誤り。間違い。
⑤又、姓。扶風、武邑の二名家に出る。

穌　　su¹ 　　　　su¹ 　　　　素姑切　　　AI11-1102

①息をする。②伸び伸びとして心地良い。③息を吹き返す。蘇生。

廯　　su¹ 　　　　su¹ 　　　　素姑切　　　AI11-1103

①廯廬　草葺きの小屋。②廯廬酒　酒名。屠蘇草をいれた薬用酒。元旦にこれを飲むと、疫病を防げる。
〇廯廬

酥　　su¹ 　　　　su¹ 　　　　素姑切　　　AI11-1104

①牛羊の乳を煮て作った汁。ヨーグルト又はチーズの類。

徂　　cu²　　　　　dzu¹　　　　昨胡切　　　AI11-1201

①行く。至る。

徂　　cu²　　　　　dzu¹　　　　昨胡切　　　AI11-1202

①徂に同じ。

殂　　cu²　　　　　dzu¹　　　　昨胡切　　　AI11-1203

①死ぬこと。

殅　　cu²　　　　　dzu¹　　　　昨胡切　　　AI11-1204

①殂の古文字。

烏　　wu¹　　　　　φu¹　　　　哀都切　　　AI11-1301

①「いづくんぞ。なんぞ。」反語辞。②『説文』に「孝烏也」とある。③『小爾雅』に「純黒で、成鳥して、親に反哺してやるのを烏といい、未だ小さくて、反哺できないのを、鴉という。」とある。④又、姓。『左傳』に「齊の大夫烏枝鳴」とある。⑤又、虜の姓。周の上開府烏丸泥がいる。⑥又、虜の三字姓。北齊に烏那羅愛がいる。『後魏書』に「烏石蘭氏、烏落蘭氏」がいる。

嗚　　wu¹　　　　　φu¹　　　　哀都切　　　AI11-1302

①嗚呼　　ああ。嘆息の声。

〇嗚呼

洿　　wu¹　　　　　φu¹　　　　哀都切　　　AI11-1303

①溜まって流れない濁水。『説文』に「濁水の流れないもの」とある。

污　　wu¹　　　　　φu¹　　　　哀都切　　　AI11-1304

①洿に同じ。②又、一故切［φu³］

杇　　wu¹　　　　　φu¹　　　　哀都切　　　AI11-1305

①壁を塗る鏝。

圬	wu¹	φu¹	哀都切	AI11-1306

①朽に同じ。

釫	wu¹	φu¹	哀都切	AI11-1307

①朽に同じ。

鵭	wu¹	φu¹	哀都切	AI11-1308

①鵭鰌魚。　魚名。『月令』に「九月に寒烏が水の中に入って化して烏鰌魚となる。」とある。

歍	wu¹	φu¹	哀都切	AI11-1309

①息をふきかけること。

鎢	wu¹	φu¹	哀都切	AI11-1310

①鎢錥　小釜。

　○鎢錥

弙	wu¹	φu¹	哀都切	AI11-1311

①弓を一杯に弾き絞って目標を狙うこと。

於	wu¹	φu¹	哀都切	AI11-1312

①感歎詞。古は「於戯」と書いた。今は「嗚呼」と書く。

瑦	wu³	φu¹	哀都切	AI11-1313

①玉に似た美石。

鄔	wu¹	φu¹	哀都切	AI11-1314

①縣名。②又、音塢［φu³］

盂	wu¹	φu¹	哀都切	AI11-1315

①盤𥁊　渦巻き流れる。②又、憂倶切［ɸiu¹］
○盤𥁊

蝺　wu¹　　　ɸu¹　　哀都切　　AI11-1316

①蛾や蝶の幼虫。大きさは指程で白色。

惡　wu¹　　　ɸu¹　　哀都切　　AI11-1317

①「いずくんぞ。どうして。」　反語詞。

扝　wu¹　　　ɸu¹　　哀都切　　AI11-1318

①引く。

蔦　wu¹　　　ɸu¹　　哀都切　　AI11-1319

①蔦薔　草名。荻。

㮊　wu¹　　　ɸu¹　　哀都切　　AI11-1320

①㮊椑　木名。青柿。

鵌　wu¹　　　ɸu¹　　哀都切　　AI11-1321

①鵌鶘　鵜鶘の別名。水鳥名。川鵜。俗に掏河ともいう。
○鵌鶘

逋　bu¹　　　pu¹　　博孤切　　AI11-1401

①懸ける。

餔　bu¹　　　pu¹　　博孤切　　AI11-1402

①『説文』に「申時（午後四時頃）の食事」とある。②又、音歩［bu³］

䭮　bu¹　　　pu¹　　博孤切　　AI11-1403

①餔の籀文。

晡　　bu¹　　　　pu¹　　　博孤切　　　AI11-1404
①申の時刻（午後四時頃）。

庯　　bu¹　　　　pu¹　　　博孤切　　　AI11-1405
①陸屋根。

隯　　bu¹　　　　pu¹　　　博孤切　　　AI11-1406
①庯に同じ。

䳵　　bu¹　　　　pu¹　　　博孤切　　　AI11-1407
①䳵䳌　鳥名。

〇䳵䳌

趉　　bu¹　　　　pu¹　　　博孤切　　　AI11-1408
①趉趗　腹這いして地を行く。

〇趉趗

峬　　bu¹　　　　pu¹　　　博孤切　　　AI11-1409
①峬峭　格好の良い様。『字林』にある。

〇峬峭

誧　　bu¹　　　　pu¹　　　博孤切　　　AI11-1410
①諫める。

稵　　bu¹　　　　pu¹　　　博孤切　　　AI11-1411
①穀類を刈り取って束ねる。

鯆　　bu¹　　　　pu¹　　　博孤切　　　AI11-1412
①鯆鮮　魚名。②亦、䰽に作る。

〇鯆鮮

| 㧸 | bu⁴ | pu¹ | 博孤切 | AI11-1413 |

①広げ伸ばす。②又、布。

| 枯 | ku¹ | ku¹ | 苦胡切 | AI11-1501 |

①朽ちる。枯れる。

| 刳 | ku¹ | ku¹ | 苦胡切 | AI11-1502 |

①えぐり抜く。②割き分ける。③牛や豚などを殺す。屠殺。

| 挎 | ku¹ | ku¹ | 苦胡切 | AI11-1503 |

①敷き広げる。広く知らせること。

| 䣚 | ku¹ | ku¹ | 苦胡切 | AI11-1504 |

①地名。

| 軲 | ku¹ | ku¹ | 苦胡切 | AI11-1505 |

①車。②又、山名。③亦、姓。『字統』にある。

| 殕 | ku¹ | ku¹ | 苦胡切 | AI11-1506 |

①殕瘁　褻れ果てる。②『説文』に「枯なり」とある。
　○殕瘁

| 跍 | ku¹ | ku¹ | 苦胡切 | AI11-1507 |

①蹲る様。

| 挎 | ku¹ | ku¹ | 苦胡切 | AI11-1508 |

①掘って空にする。②切り剖らく。

| 弙 | ku¹ | ku¹ | 苦胡切 | AI11-1509 |

①（弓を引き絞って目標を狙う）②又、汚乎切［ɸu¹］

樟　　gu¹　　　　ku¹　　　　苦胡切　　　　AI11-1510

①木名。山楡。枝が四方に分かれ広がる。木四布。

鮂　　ku¹　　　　ku¹　　　　苦胡切　　　　AI11-1511

①魚名。婢魚、妾魚ともいう。淡水魚。

麤　　cu¹　　　　tsu¹　　　　倉胡切　　　　AI11-1601

①『説文』に「遥か遠方に行くこと。」とある。②『字統』に「警戒防禦する。鹿の習性として、お互いに背を向けて、人、獣の襲撃を警戒しながら物を食べる。それ故、三つの鹿から成る。」とある。

麁　　cu¹　　　　tsu¹　　　　倉胡切　　　　AI11-1602

①粗い。②大きさ。③物が粗雑なこと。④本は亦、麤 に作る。

麄　　cu¹　　　　tsu¹　　　　倉胡切　　　　AI11-1603

①『説文』に「草履」とある。

穮　　cu¹　　　　tsu¹　　　　倉胡切　　　　AI11-1604

①精米してない米。

觕　　cu¹　　　　tsu¹　　　　倉胡切　　　　AI11-1605

①『公羊傳』に「粗略な者を侵といい、精密な者を伐という。」とある。

皻　　cu¹　　　　tsu¹　　　　倉胡切　　　　AI11-1606

①皮膚の皸。あかぎれ。

瑹　　tu²　　　　tu¹　　　　他胡切　　　　AI11-1701

①美玉。

稌　　tu²　　　　tu¹　　　　他胡切　　　　AI11-1702

①稲。②又、他古切〔tu²〕

悇 tu² tu¹ 他胡切 AI11-1703
①『広雅』に「憂いを抱く様。」とある。

崞 tu¹ tu¹ 他胡切 AI11-1704
①山名。

瑹 tu¹ tu¹ 他胡切 AI11-1705
①玉名。

峹 tu¹ tu¹ 他胡切 AI11-1706
①山名。

庩 tu² tu¹ 他胡切 AI11-1707
①庸庩　片屋根家屋。
○庸庩

趎 tu¹ tu¹ 他胡切 AI11-1708
①趎趄　匍匐。腹這いで地を行く。
○趎趄

捈 tu¹ tu¹ 他胡切 AI11-1709
①鋭いこと。

璑 tu¹ tu¹ 他胡切 AI11-1710
①璑珸　玉名。
○璑珸

捈 tu² tu¹ 他胡切 AI11-1711
①伏せたまま引っ張ること。

鞜　　tu²　　　　　tu¹　　　　他胡切　　　　AI11-1712

①木底の靴。

都　　du¹　　　　　tu¹　　　　當孤切　　　　AI11-1801

①すべて。みな。②『尚書・大傳』に「十邑を都となす。」とある。②『帝王世紀』に「天子の宮する所を都という」とある。③又、姓。漢に臨蔡侯都稽がいる。何氏・『姓苑』に「今の呉興の人」とある。

箌　　du¹　　　　　tu¹　　　　當孤切　　　　AI11-1802

①竹名。

闍　　du¹　　　　　tu¹　　　　當孤切　　　　AI11-1803

①闍闍　城門の上に造られた物見の台。②又、市遮切 [ʑa¹]

○闍闍

肚　　du¹　　　　　tu¹　　　　當孤切　　　　AI11-1804

①胍肚　太鼓腹。

○胍肚

賭　　du¹　　　　　tu¹　　　　當孤切　　　　AI11-1805

①賭けに勝つこと。『新字林』にある。

醏　　du¹　　　　　tu¹　　　　當孤切　　　　AI11-1806

①䜴醏　調味料の一種。ひしほの類。
○醵醏

鞼　　du¹　　　　　tu¹　　　　當孤切　　　　AI11-1807

①皮を切り剖く道具。②牛牽船。『通俗文』にある。

稫　　pu¹　　　　　pu¹　　　　普胡切　　　　AI11-1901

①大豆。

| 鋪 | pu¹ | pu¹ | 普胡切 | AI11-1902 |

①設ける。②陳列する。並べる。③広げる。④又、音孚 [ɸiu¹]

| 舖 | pu¹ | pu¹ | 普胡切 | AI11-1903 |

①魚名。②又、揚子江イルカの別名。風が吹きそうな頃現れる。

| 鱛 | pu¹ | pu¹ | 普胡切 | AI11-1904 |

①舖に同じ。

| 踊 | pu¹ | pu¹ | 普胡切 | AI11-1905 |

①馬の足踏みの跡。

| 痡 | pu¹ | pu¹ | 普胡切 | AI11-1906 |

①病気。②又、音孚 [ɸiu¹]

| 誧 | bu¹ | pu¹ | 普胡切 | AI11-1907 |

①諫める。②又、音普 [ɸu²]

| 豧 | pu¹ | pu¹ | 普胡切 | AI11-1908 |

①豚名。

| 陠 | pu¹ | pu¹ | 普胡切 | AI11-1909 |

①斜めなこと。

| 墲 | mu² | pu¹ | 普胡切 | AI11-1910 |

①区切られた墓地。

| 駂 | pu¹ | pu¹ | 普胡切 | AI11-1911 |

①馬名。

| 䰽 | pu¹ | pu¹ | 普胡切 | AI11-1912 |

①鼜毃　家屋の壊れかかっていること。崩壊寸前の家屋。
○鼜毃

姥　　mu³　　　　mu²　　　　莫補切　　　B10-0101

①老婆。一本に姆に作る。乳母。②亦、天姥山。山名。③又、姓。何承天の『纂文』にある。

莽　　mang³　　　mu²　　　　莫補切　　　B10-0102

①密生した草。②又、音蟒［mɑng²］

鏻　　mu³　　　　mu²　　　　莫補切　　　B10-0103

①鈷鏻　温器。②又、音蟒［mɑng²］
○鈷鏻

媽　　ma¹　　　　mu²　　　　莫補切　　　B10-0104

①母。

姥　　mu³　　　　mu²　　　　莫補切　　　B10-0105

①慈母。山名。丹陽にある。②亦「姥」に作る。俗字山扁に作る。

慔　　wu³　　　　mu²　　　　莫補切　　　B10-0106

①可愛がる。哀れむ。②又音武［mi u²］

土　　tu³　　　　 tu²　　　　他魯切　　　B10-0201

①『釋名』に「土は吐なり。萬物を吐くなり。」とある。②『文字指歸』に「土」の点は無い。

吐　　tu³　　　　 tu²　　　　他魯切　　　B10-0202

①口吐　口から吐き出す。②亦、虜の複姓。三氏あり。『後魏書』に「吐奚・吐難・吐萬の三氏あり。」③又、虜の三字姓。二氏あり。慕容廆の妾腹の兄弟の兄、吐谷渾が後に西の果てに住居していた部族を引き連れて、西は甘松の南、白歯まで、方数千里を拠有した。その子孫の葉延が祖先に敬意を表して、子孫が王父の字を以て、氏姓にせんと、遂に吐谷渾を氏姓にした。又、『後魏書』に「吐伏盧氏」がある。

| 秾 | tu² | tu² | 他魯切 | B10-0203 |

①稲。うるち米。

| 苴 | du⁴ | tu² | 他魯切 | B10-0204 |

①草名。藺草に似ていて海辺に生える。敷物にすることができる。

| 杜 | du⁴ | du² | 徒古切 | B10-0301 |

①木名。やまなし。梨に似ている。②又、塞ぐ。③絶やす。④薬名。杜仲。皮は薬用にする。⑤亦、姓。本、帝堯の後裔が劉に建国、これを続けてきた。京兆・濮陽・襄陽の三名家の出。漢に御史大夫杜周がいる。南陽の豪族で、茂陵に移ったが、始めは京兆に居た。

| 軩 | du⁴ | du² | 徒古切 | B10-0302 |

①車の中の座席。或いは「軩鞯」ともいう。

○軩鞯

| 坥 | du⁴ | du² | 徒古切 | B10-0303 |

①腹が大きく口がつぼんだ素焼きの瓶。

| 堵 | du⁴ | du² | 徒古切 | B10-0304 |

①塞ぐ。詰める。

| 殬 | du⁴ | du² | 徒古切 | B10-0305 |

①塞ぐ。②閉じる。

| 肚 | du⁴ | du² | 徒古切 | B10-0306 |

①腹肚　腹。

○腹肚

| 𣘺 | du⁴ | du² | 徒古切 | B10-0307 |

①桑の木の皮。

| 荰 | du⁴ | du² | 徒古切 | B10-0308 |

①香草。葵に似ている。『山海経』に「頸瘤病を治療できる。これを着けて馬を習わせると、良く走る。味は漢葵に似ていて、匂いは小さい。②異体字は俗に草冠を着ける。

| 土 | du⁴ | du² | 徒古切 | B10-0309 |

①田の土壌。②本音吐［tu²］

| 魯 | lu³ | lu² | 郎古切 | B10-0401 |

①愚か。愚鈍。②又、国名。伯禽の後裔が国名を以て氏姓とした。扶風を出した。③又、羌の複姓。魯歩氏がいる。

| 櫓 | lu³ | lu² | 郎古切 | B10-0402 |

①城上の守りの物見櫓。望楼。②『釋名』に「櫓は露なり。むき出しで、覆いの無い建物。」とある。③『説文』に「大きな盾」とある。

| 滷 | lu³ | lu² | 郎古切 | B10-0403 |

①鹹滷　穀物などが育たない塩地。塩分を多量に含んでいる地。

○鹹滷

| 虜 | lu³ | lu² | 郎古切 | B10-0404 |

①略奪する。掠め奪る。②虜にする。③従う。服従。

| 擄 | lu³ | lu² | 郎古切 | B10-0405 |

①虜にする。②一本には手（手扁）をつける。

| 廬 | lu² | lu² | 郎古切 | B10-0406 |

①家屋。庵。

| 摅 | lu³ | lu² | 郎古切 | B10-0407 |

①揺り動かす。

櫓　　lu³　　　　lu²　　　郎古切　　　B10-0408

①盾。

艫　　lu³　　　　lu²　　　郎古切　　　B10-0409

①舟を漕ぐ舵。

鑪　　lu³　　　　lu²　　　郎古切　　　B10-0410

①釜の類。

蓲　　lu³　　　　lu²　　　郎古切　　　B10-0411

①大漢葵の別名。

蕠　　lu³　　　　lu²　　　郎古切　　　B10-0412

①蓲に同じ。

鹵　　lu³　　　　lu²　　　郎古切　　　B10-0413

①鹵簿令　天子の行列をとりしきる役人。
○鹵簿令

匐　　lu³　　　　lu²　　　郎古切　　　B10-0414

①腹這うこと。

鐪　　lu³　　　　lu²　　　郎古切　　　B10-0415

①木で刀の柄を作ること。

| 枦 | lu² | lu² | 郎古切 | B10-0416 |

①木名。厚い絹を染めることができる。

| 鱸 | lu³ | lu² | 郎古切 | B10-0417 |

①魚名。

| 蒩 | cuo² | ʣu² | 采古切 | B10-0501 |

①草が枯れる。『爾雅』に「菡は蒩」とある。郭璞は「草履を作る、茞草」という。

| 麄麗 | cu¹ | ʣu² | 采古切 | B10-0502 |

①草履。

| 覩 | du³ | tu² | 當古切 | B10-0601 |

①見る。

| 睹 | du³ | tu² | 當古切 | B10-0602 |

①覩に同じ。

| 晵 | du³ | tu² | 當古切 | B10-0603 |

①朝廷での夜勤明け。

| 賭 | du³ | tu² | 當古切 | B10-0604 |

①戯賭　賭け。賭博。
　○戯賭

堵　　du³　　　　　　　tu²　　　　當古切　　　B10-0605

①垣堵　牆壁。垣。②又、姓。『左傳』に「鄭に堵叔がいる。」とある。③又、音者〔ɕia²〕

肚　　du⁴　　　　　　　tu²　　　　當古切　　　B10-0606

①腹肚　腹。

○腹肚

帾　　du³　　　　　　　tu²　　　　當古切　　　B10-0607

①幟。物の所在を示す目印の旗。

砠　　hu⁴　　　　　　　tu²　　　　當古切　　　B10-0608

①美石。②又、音怙〔ɣu²〕

楮　　chu³　　　　　　　tu²　　　　當古切　　　B10-0609

①木名。かじの木。②又、音褚〔tio²〕

敠　　du⁴　　　　　　　tu²　　　　當古切　　　B10-0610

①桑の皮。②又、音杜〔du²〕

啟　　qi⁴　　　　　　　tu²　　　　當古切　　　B10-0611

①人名。梁公子の名。仇啟。

古　　gu³　　　　　　　ku²　　　　公戸切　　　B10-0701

①古い。昔。②又、姓。周の太王、邠を去り、岐に適き、古公といった。その後裔がこれを氏姓とした。『蜀志』に「廣漢功曹古牧」がいる。③又、漢の複姓。『晏子春秋』に「齊の勇士古冶子がいる。」とある。④又、虜の三字姓。『後漢書』に「古口引氏」がある。

鼓　　gu³　　　　　　　ku²　　　　公戸切　　　B10-0702

①『説文』に「郭なり。春分の音。萬物は外側の皮殻を激しく開いて出て

来ることから、これを鼓という。」とある。②『周禮』の六鼓に「靁鼓・靈鼓・路鼓・鼖鼓・鼛鼓・晉鼓」とある。③亦、鼓に作る。

鼓 gu³　　ku²　　公戸切　　B10-0703

①『説文』に「鼓を擊つ」とある。

瞽 gu³　　ku²　　公戸切　　B10-0704

①盲目。

股 gu³　　ku²　　公戸切　　B10-0705

①髀股　　両股。

○髀股

肐 gu³　　ku²　　公戸切　　B10-0706

①股に同じ。

罟 gu³　　ku²　　公戸切　　B10-0707

①網罟　　網。

○網罟

蠱 gu³　　ku²　　公戸切　　B10-0708

①疑う。②又、毒。③又、卦名。六十四卦の一。④事。

估 gu¹　　ku²　　公戸切　　B10-0709

①市税。

盬 gu³　　ku²　　公戸切　　B10-0710

①古代の塩池の名。②又、『左傳』に「その脳を吸飲す。」とある。杜預注に「盬は口で吸う」とある。③又、『詩傳』に「盬は堅固でない。」とある。

鈷　　gu³　　　　　ku²　　　　公戸切　　　　B10-0711
　①鈷鏻　ひのし。こて。
　〇鈷鏻

羖　　gu³　　　　　ku²　　　　公戸切　　　　B10-0712
　①羖䍽羊。『説文』に「黒い牡羊を羖という。」とある。
　〇羖䍽羊

羘　　gu³　　　　　ku²　　　　公戸切　　　　B10-0713
　①羖の俗字。

詁　　gu³　　　　　ku²　　　　公戸切　　　　B10-0714
　①通行語で古代の言語、文字、方言などを解釈する事。

牯　　gu³　　　　　ku²　　　　公戸切　　　　B10-0715
　①母羊。

賈　　gu³　　　　　ku²　　　　公戸切　　　　B10-0716
　①商賈　商売。②又、古下切 [ka²]
　〇商賈

刉　　gu³　　　　　ku²　　　　公戸切　　　　B10-0717
　①商売で利を挙げる。②又、古平切 [ku¹]

沽　　gu¹　　　　　ku²　　　　公戸切　　　　B10-0718
　①屠沽　屠殺と酒売りを生業とする者。職業の微賤な者。
　〇屠沽

眖　　gu³　　　　　ku²　　　　公戸切　　　　B10-0719

①人名。『漢書』にある。

兜 gu³　　ku²　　公戸切　　B10-0720

①ふさがっていること。瞀字の原初体。

䀇 gu³　　ku²　　公戸切　　B10-0721

①烹熟用の器。深鍋の類。

五 wu³　　ngu²　　疑古切　　B10-0801

①数。②又、姓。『左傳』に「五奢」がある。③亦、漢の複姓。四氏あり。漢に「五鹿充宗」あり。『風俗通』に「氏は職による。三烏五鹿はこれである。趙に将軍五鳩盧がいる。」とある。『国語』に「楚の昭王の時、五参蹇がいる。」とある。『姓苑』に「五里氏」がある。

午 wu³　　ngu²　　疑古切　　B10-0802

①十文字に交わる。②又、十二支の第七位。『爾雅』に「木星が南にあることを敦牂という。

旿 wu³　　ngu²　　疑古切　　B10-0803

①光明。

伍 wu³　　ngu²　　疑古切　　B10-0804

①行伍　隊伍。②『説文』に「互いに三人、五人と入り交じること。」とある。③『周禮』に「五人の組みを伍という。」とある。

仵 wu³　　ngu²　　疑古切　　B10-0805

①匹敵する。②又、伍・仵は皆、姓。『姓苑』にある。

簿 bu¹　　bu²　　裴古切　　B10-0901

①簿籍　帳簿、名簿。②鹵簿　天子の儀杖行列。

　○簿籍　　○鹵簿

部　　bu⁴　　　　bu²　　　裴古切　　B10-0902
①部伍　部隊。②部曲　軍隊の行列。
○部伍　　○部曲

粗　　cu¹　　　　dzu²　　　徂古切　　B10-1001
①粗い。②大雑把な。③又、千胡切［dzu¹］

麤　　cu¹　　　　dzu²　　　徂古切　　B10-1002
①大きい。

駔　　zu⁴　　　　dzu²　　　徂古切　　B10-1003
①駿馬。②又、祖朗切［tsɔng²］

怚　　zu⁴　　　　dzu²　　　徂古切　　B10-1004
①浅い。

觕　　cu¹　　　　dzu²　　　徂古切　　B10-1005
①牛の角が真っ直ぐに伸びている様。

祖　　zu³　　　　tsu²　　　則古切　　B10-1101
①祖先を祭ったお霊屋。②始め。③則る。まねる。④本源。⑤巡り巡って上に上がる。⑥又、姓。祖己の後裔。范陽の出。

珇　　zu³　　　　tsu²　　　則古切　　B10-1102
①瑞玉の上に浮彫りされている紋様。②立派なこと。

組　　zu³　　　　tsu²　　　則古切　　B10-1103
①組綬　組紐。②綸組　青い絹糸の組紐。③東海中に産する草の名。

菹　　zu¹　　　　tsu²　　　則古切　　B10-1104

①茅で編んだ敷物。

菹 zu³   tsu²   則古切   B10-1105

①『説文』に「菜」とある。

鞊 zu³   tsu²   則古切   B10-1106

①鞊勒　馬などの口に被せる轡。おもがい。

○鞊勒

虎 hu³   χu²   呼古切   B10-1201

①獸名。とら。『説文』に「虎は山獸の王者である。」とある。『淮南子』に「虎嘯き谷風至る」とある。②又、姓。『風俗通』に「漢に合浦太主虎旗がいる。その先祖は八元伯虎の後裔である。」とある。

琥 hu³   χu²   呼古切   B10-1202

①軍隊を動かす時、将軍に与える虎の形をした割り符。『周禮』に「白琥もて西方に禮す」とある。

戽 hu⁴   χu²   呼古切   B10-1203

①戽斗　舟の中の水を搔い出す道具。②又、音戸［ɤu²］

○戽斗

滸 xu³   χu²   呼古切   B10-1204

①水岸。水のほとり。

鄠 hu³   χu²   呼古切   B10-1205

①魯の地名。

虍 hu³   χu²   呼古切   B10-1206

①虎豆。　豆名。俗字草冠を付ける。

| 蛛 | hu³ | χu² | 呼古切 | B10-1207 |

①蟲名。蜘蛛の一種。俗字は虫扁を付ける。

| 隖 | wu⁴ | φu² | 安古切 | B10-1301 |

①村隖　村を囲む堤。②城壁。『説文』に「土塁。」とある。③一説に小さな町。

| 塢 | wu⁴ | φu² | 安古切 | B10-1302 |

①隖に同じ。『通俗文』に「駐留することを塢という。」とある。②戴延の『西征記』に「蠡城川南に金門塢がある。」とある。

| 鄔 | wu⁴ | φu² | 安古切 | B10-1303 |

①縣名。②又、姓。晉の大夫司馬彌牟の後裔がこれにちなんで氏姓とした。

| 珶 | wu⁴ | φu² | 安古切 | B10-1304 |

①石名。玉に似ている。

| 碼 | wu⁴ | φu² | 安古切 | B10-1305 |

①土塁。『埤蒼』にある。

| 幠 | wu⁴ | φu² | 安古切 | B10-1306 |

①頭巾。

| 滹 | wu⁴ | φu² | 安古切 | B10-1307 |

①水滹　水面の大きいさま。
〇水滹

| 誣 | wu⁴ | φu² | 安古切 | B10-1308 |

①互いに悪口を言い合う様。

| 趶 | wu³ | φu² | 安古切 | B10-1309 |

①足どり軽く歩く様。

輑　wu³　　　φu²　　　安古切　　　B10-1310

①車の前の部分にある支え。

苦　ku³　　　ku²　　　康杜切　　　B10-1401

①粗い。②勤める。一途に。③苦しむ。④『説文』に「大苦苓」とある。薬草の名。甘草。

箛　ku³　　　ku²　　　康杜切　　　B10-1402

①竹名。

怒　nu⁴　　　nu²　　　奴古切　　　B10-1501

①怒る。②又、奴故切［nu³］

弩　nu³　　　nu²　　　奴古切　　　B10-1502

①弓弩　石弓。『古史考』に「黄帝弩を作る。」とある。

砮　nu³　　　nu²　　　奴古切　　　B10-1503

①石で作った鏃。②又、乃胡切［nu¹］

努　nu³　　　nu²　　　奴古切　　　B10-1504

①努力　努める。
　〇努力

蝫　nu³　　　nu²　　　奴古切　　　B10-1505

①蟲名。水弩蟲。いさごむし。水中に住み、形はすっぽんに似ていて、三本足、人影が水に映ると、砂を含んで岸上の人を射て害を与えるという伝説上の動物。②俗字は虫足を付ける。

戸　hu⁴　　　ɣu²　　　侯古切　　　B10-1601

①『説文』に「戸は護なり。片開きの門を戸という。」とある。

楛　　hu⁴　　　ɤu²　　　侯古切　　B10-1602

①木名。牡荊。人参木の古名。矢篦を作る。『書経』に「荊州の貢ぎ物」とある。『詩経』の『疏』には「東夷の貢ぎ物」とある。

扈　　hu⁴　　　ɤu²　　　侯古切　　B10-1603

①跋扈　強くわがままに振る舞うこと。扈は強い築。魚を捕らえる為に水中に設けた竹籠。大魚は扈を踊り超えて脱してしまう。②国名。③亦、姓。『風俗通』に「趙に扈輒がいる。」とある。④又、虜の三字姓。扈地干氏がいる。

怙　　hu⁴　　　ɤu²　　　侯古切　　B10-1604

①恃怙　たより頼む。

　○恃怙

鄠　　hu⁴　　　ɤu²　　　侯古切　　B10-1605

①県名。京兆府にある。本は夏の扈国、秦は鄠縣とした。

扈　　hu⁴　　　ɤu²　　　侯古切　　B10-1606

①婦人用の襟巻。ネッカチーフ。

祜　　hu⁴　　　ɤu²　　　侯古切　　B10-1607

①大きい福。

昈　　hu⁴　　　ɤu²　　　侯古切　　B10-1608

①色紋様の様。②又、明らかである。

岵　　hu⁴　　　ɤu²　　　侯古切　　B10-1609

①山が低くて大きいことをいう。

岵　　hu⁴　　　ɤu²　　　侯古切　　B10-1610

①山に草木の多いこと。

芐　　hu⁴　　ɣu²　　候古切　　B10-1611

①薬草名。じおう。さおひめ。

雇　　hu⁴　　ɣu²　　候古切　　B10-1612

①『説文』に「九雇（鳥名、後に農事を司る官名に借用する。）、鳩の一種。大鳩。農桑候鳥。（官名としたのは、民を制御して悪に向わせないものという意）その九鳥は羽毛色、鳴き声に因って名付けられる。春雇は鳻鶞、夏雇は浅黒、秋雇は浅藍、冬雇は浅黄、棘雇は浅赤、行雇は鳴声が唶唶、宵雇は嘖嘖、桑雇は浅白、老雇は鴲である。

鳸　　hu⁴　　ɣu²　　候古切　　B10-1613

①雇に同じ。②亦、鳸に作る。

𪅂　　hu⁴　　ɣu²　　候古切　　B10-1614

①亦、雇に同じ。

鄠　　hu⁴　　ɣu²　　候古切　　B10-1615

①古邑名。『西京賦』に「抱杜含鄠」とある。

怙　　hu⁴　　ɣu²　　候古切　　B10-1616

①懐かしむ。②又、音互〔ɣu³〕

戽　　hu⁴　　ɣu²　　候古切　　B10-1617

①器中のものを汲出すこと。

琥　　hu⁴　　ɣu²　　候古切　　B10-1618

①美石。②又、丁古切〔tu²〕

滹　　hu⁴　　ɣu²　　候古切　　B10-1619

①水の深いさま。

婋　　　hu⁴　　　ɤu²　　　侯古切　　　B10-1620

①貪る。

酤　　　gu¹　　　ɤu²　　　侯古切　　　B10-1621

①一夜にして醸成した酒。②又、音姑［ku¹］

滈　　　hu⁴　　　ɤu²　　　侯古切　　　B10-1622

①川名。靈亀が書を負いて玄滈水に出た。（河圖・玉版）

篣　　　hu⁴　　　ɤu²　　　侯古切　　　B10-1623

①江海中の魚を捕らえる竹製の罔具。

普　　　pu³　　　pʰu²　　　滂古切　　　B10-1701

①広い。②大きい。③あまねし。④又、姓。後魏の十姓。献帝の次兄を普氏という。⑤亦、虜の複姓。『周書』に「辛威、姓普屯氏を賜る」とある。⑥又、虜の三字姓。『周書』に「楊忠、姓普六如氏を賜る。」とある。『後魏書』に「普陋如氏」がある。

溥　　　pu³　　　pʰu²　　　滂古切　　　B10-1702

①大きい。②広い。

誧　　　bu¹　　　pʰu²　　　滂古切　　　B10-1703

①『文字音義』に「大きい。補助。助ける。」

浦　　　pu³　　　pʰu²　　　滂古切　　　B10-1704

①『風土記』に「大きな川の河口近くで、海や湖水の入り込んだ地形のところを浦という。」とある。②『説文』では「濱」とある。③又、姓。晋の『起居注』に「浦選」がある。

烳　　　pu³　　　pʰu²　　　滂古切　　　B10-1705

①灯を持って行く様。

補　　bu³　　　　　pu²　　　　博古切　　　B10-1801

①補綴　　衣服を補修する。『説文』に「衣を繕うこと」とある。

譜　　pu³　　　　　pu²　　　　博古切　　　B10-1802

①系統立てて順序良く書き並べた記録。

圃　　pu³　　　　　pu²　　　　博古切　　　B10-1803

①園圃　農園。『説文』に「菜を植えることを圃という」とある。②亦、姓。③又、博故切［pu³］

○園圃

暮　　mu⁴　　　　　mu³　　　　莫故切　　　C11-0101

①日暮れ。②暗い。③又、姓。何氏『姓苑』に出ている。

慕　　mu⁴　　　　　mu³　　　　莫故切　　　C11-0102

①思慕　恋しく懐かしく思うこと。②又、虜の複姓二氏あり。『前燕録』に「昔、高辛氏が海浜に游んで、末の子をそこに留め置いた。越を嫌がって、北夷の邑、于紫蒙の野に居て、号して東胡といった。秦漢の頃、匈奴にやられて、鮮卑山を分割して持った。山の名に因んで号とした。魏の初、莫護跋が部落を引き連れて入り、遼西に建国した。時は燕代、冠を付け、冠を揺らせつつ行くのが流行っていた。跋はこれを好んで、先ず、髪の毛を短くまとめ、冠を付けて歩いたら、多くの部族がこれを歩揺（ブラブラ歩き）と言った。後にこれが訛って慕容となった。跋の孫の渉帰が上位に陞って、單于となり、中国の習俗に従った。自ずからを慕二、儀之徳、継三光之容といい、、それをもって氏姓とした。帰の子、　は遼東に據り、王といって分限以上のことをして、国を燕と号した。」とある。②後に又、将軍慕輿虔がいる。

募　　mu⁴　　　　　mu³　　　　莫故切　　　C11-0103

①募る。

墓　　mu⁴　　　　　mu³　　　　莫故切　　　C11-0104

①墳墓　墓。

慔　　mu⁴　　　　　mu³　　　　莫故切　　　C11-0105

①勉める。努力する。

篗 mu⁴　　　mu³　　　莫故切　　　C11-0106

①竹製の丸い箱。

渡 du⁴　　　du³　　　徒故切　　　C11-0201

①わたす。わたる。②通りすぎる。③行きわたる。

斁 du⁴　　　du³　　　徒故切　　　C11-0202

①いとう。飽く。②一説に「おしまい。おわり。」『詩経』に「服之無斁」とある。③又、音亦［ϕiεk⁴］

鍍 du⁴　　　du³　　　徒故切　　　C11-0203

①メッキする。

度 du⁴　　　du³　　　徒故切　　　C11-0204

①法度　法律。おきて。②又、姓。後漢荊州刺史度尚が出ている。③又、徒各切［dɑk⁴］

○法度

篧 du⁴　　　du³　　　徒故切　　　C11-0205

①物を留めて置く竹製の針。

路 lu⁴　　　lu³　　　洛故切　　　C11-0301

①道路　道。　②亦、大きい。『周禮』に「合方氏天下の道路を掌達す」とある。『爾雅』に「一達、之を道路という」とある。③又、姓。本、帝挚の後裔より陽平・襄城・陳留・安定・東陽・河南等の六名家から出た。

露 lu⁴　　　lu³　　　洛故切　　　C11-0302

①『説文』に「露は潤澤（うるおう）なり」とある。②『五経通義』に「和気が湿り固まって露となる。」とある。③蔡邕『月令』に「露は陰の液である」とある。④又、露見　表われ知れわたる。⑤亦、姓。『風俗通』に「漢に上黨都尉露平がいる。」とある。

潞　　lu⁴　　　　　lu³　　　　　洛故切　　　　C11-0303

①川名。②又、州名。春秋時代、初めて黎国となり、後、狄との境界になったが、昔の黎亭である。周は潞州とし、隋は韓州とした。又、上黨郡とした。唐は潞州とし、開元中に昇格して、大都督府とした。③又、県名。幽州にある。

輅　　lu⁴　　　　　lu³　　　　　洛故切　　　　C11-0304

①車輅　古代の車名。多くは天子の乗る大車。『釋名』に「天子玉輅に乗る。玉を以て車を飾るなり。輅も亦、車なり。これを輅と言うのは、道路を行くからである。」とある。

鷺　　lu⁴　　　　　lu³　　　　　洛故切　　　　C11-0305

①水鳥名。『爾雅』に「鷺は舂鉏。」郭璞は「白鷺なり。頭・羽・背の上に皆、長い羽毛がある。江東の人はこれで付け睫を作る。これを名づけて白鷺縗という」とある。

璐　　lu⁴　　　　　lu³　　　　　洛故切　　　　C11-0306

①玉名。

賂　　lu⁴　　　　　lu³　　　　　洛故切　　　　C11-0307

①遺賂　賄賂を使う。

〇遺賂

簬　　lu⁴　　　　　lu³　　　　　洛故切　　　　C11-0308

①竹名。

簵　　lu⁴　　　　　lu³　　　　　洛故切　　　　C11-0309

①簬に同じ。

蕗　　lu⁴　　　　　lu³　　　　　洛故切　　　　C11-0310

①落葵。又の名を繁露。

癧　　lu⁴　　　　　lu³　　　　　洛故切　　　　C11-0311

①瘴癘　病名。痛病。
○瘴癘

瀘　　lu⁴　　　　lu³　　　　洛故切　　　C11-0312
①癘に同じ。

罏　　lu⁴　　　　lu³　　　　洛故切　　　C11-0313
①罜罶　魚を捕る魚具。
○罜罶

妒　　du⁴　　　　tu³　　　　當故切　　　C11-0401
①妒忌　嫉妬する。
○妒忌

妬　　du⁴　　　　tu³　　　　當故切　　　C11-0402
①妒に同じ。

秅　　cha²　　　　tu³　　　　當故切　　　C11-0403
①穀類の束。古時、穀類を数える時の計量の単位。四百束を一秅とする。②又、県名。濟陰にある。③或いは秺に作る。

秺　　cha²　　　　tu³　　　　當故切　　　C11-0404
①秅に同じ。

妬　　cha⁴　　　　tu³　　　　當故切　　　C11-0405
①美女。

肚　　du¹　　　　tu³　　　　當故切　　　C11-0406
①肚胅　腹が大きいこと。
○肚胅

妒　du⁴　　　　tu³　　　　當故切　　　C11-0407

①病名。乳癰。

託　du⁴　　　　tu³　　　　當故切　　　C11-0408

①祭祀の時、地上に酒を撒いて清める儀式。

蠹　du⁴　　　　tu³　　　　當故切　　　C11-0409

①木くい虫。

螙　du⁴　　　　tu³　　　　當故切　　　C11-0410

①蠹の古文字。

殬　du⁴　　　　tu³　　　　當故切　　　C11-0411

①損なう。

斁　du⁴　　　　tu³　　　　當故切　　　C11-0412

①殬に同じ。

菟　tu⁴　　　　tu³　　　　湯故切　　　C11-0501

①草名。菟絲草。②又、虜の複姓。『後魏書』に「菟頼氏」がある。

兔　tu⁴　　　　tu³　　　　湯故切　　　C11-0502

①獣名。兔。崔豹の『古今注』に「兔の口はいわゆる兔唇で、縦に裂けた部分があり、尻には九孔ある。」とある。『論衡』に「兔は毫を舐て孕み、その子を生む時には、口から出す。」とある。②『説文』に「（字形は）前足を立てて据わり、尻尾を後にした形の象形。兔の頭は㲋の頭と同じ。」とある。

吐　tu³　　　　tu³　　　　湯故切　　　C11-0503

①吐き出す。②又、湯古切［tu²］

鵚　tu⁴　　　　tu³　　　　湯故切　　　C11-0504

①鳥名。木　鳥。みみづく。耳の上の毛が角のよう。

顧　　gu⁴　　　　ku³　　　古暮切　　　C11-0601

①振り顧みる。②顧みる。③又、姓。呉郡の出。

頋　　gu⁴　　　　ku³　　　古暮切　　　C11-0602

①顧の俗字。

雇　　gu⁴　　　　ku³　　　古暮切　　　C11-0603

①本音戸［ɣu²］　九雇鳥。仮借で雇賃の雇を用いる。

稒　　gu⁴　　　　ku³　　　古暮切　　　C11-0604

①稒陽県。五原にある。

故　　gu⁴　　　　ku³　　　古暮切　　　C11-0605

①古い。②事柄。③前から。久しく。④又、姓。『姓苑』にある。

酤　　gu¹　　　　ku³　　　古暮切　　　C11-0606

①酒を売る。②又、音姑［ku¹］

沽　　gu¹　　　　ku³　　　古暮切　　　C11-0607

①酤に同じ。

痼　　gu⁴　　　　ku³　　　古暮切　　　C11-0608

①長く罹って治らない病気。

固　　gu⁴　　　　ku³　　　古暮切　　　C11-0609

①堅い。②一。始めから。③常に。もともとから。④前から。⑤要害。

錮　　gu⁴　　　　ku³　　　古暮切　　　C11-0610

①錮鎔　金属を溶かして、鋳込む。②禁錮　一室に閉じ込める。自由を束縛する。③亦、金属を溶かして、隙間を塞ぐ。

○錮鎔　○禁錮

痼　gu⁴　　　ku³　　　古暮切　　　C11-0611

①子供の口にできるできもの。

鮕　gu⁴　　　ku³　　　古暮切　　　C11-0612

①魚の臓腑。

罟　gu⁴　　　ku³　　　古暮切　　　C11-0613

①䍖罟　魚を捕る具。

○䍖罟

梏　gu⁴　　　ku³　　　古暮切　　　C11-0614

①鼠殺しの器。

凅　gu⁴　　　ku³　　　古暮切　　　C11-0615

①寒さで凝固する。凍る。②寒さで凍り閉ざす。

誤　wu⁴　　　ngu³　　　五故切　　　C11-0701

①謬誤　誤り。

○謬誤

悮　wu⁴　　　ngu³　　　五故切　　　C11-0702

①誤に同じ。

寤　wu⁴　　　ngu³　　　五故切　　　C11-0703

①覚寤　目を覚ます。

○覚寤

忤	wu³	ngu³	五故切	C11-0704

①逆らう。

悟	wu³	ngu³	五故切	C11-0705

①忤に同じ。

迕	wu³	ngu³	五故切	C11-0706

①遇う。遭遇する。

遻	wu³	ngu³	五故切	C11-0707

①迕に同じ。

晤	wu³	ngu³	五故切	C11-0708

①明らかなこと。②聡明で明朗。

悟	wu⁴	ngu³	五故切	C11-0709

①悟る。理解する。

遌	wu³	ngu³	五故切	C11-0710

①干遌　逆らう。
　〇干遌

寤	wu⁴	ngu³	五故切	C11-0711

①『廣雅』に「竈の名。」とある。

捂	wu³	ngu³	五故切	C11-0712

①すじかい。②又、枝捂　言うことが、つじつまが合わないこと。
　〇枝捂

娛	yu²	ngu³	五故切	C11-0713

①楽しみ。②又、五于切［ngu¹］

| 晤 | wu⁴ | ngu³ | 五故切 | C11-0714 |

①聴く。

| 護 | hu⁴ | ɤu³ | 胡誤切 | C11-0801 |

①救う。②助ける。護る。

| 瓠 | hu⁴ | ɤu³ | 胡誤切 | C11-0802 |

①蔬菜名。 夕顔。②又、瓠子隄 古地名。堤名。③亦、姓。『淮南子』に「瓠巴 善く琴を鼓す」とある。

| 嫭 | hu⁴ | ɤu³ | 胡誤切 | C11-0803 |

①美しい。綺麗。

| 姻 | hu⁴ | ɤu³ | 胡誤切 | C11-0804 |

①愛しく思うこと。『聲類』にある。

| 頀 | hu⁴ | ɤu³ | 胡誤切 | C11-0805 |

①大頀 楽名。商の湯王の時の楽。『周禮』には濩に作る。

| 互 | hu⁴ | ɤu³ | 胡誤切 | C11-0806 |

①錯誤。②俗字乍に作る。他は此れに倣う。

| 濩 | hu⁴ | ɤu³ | 胡誤切 | C11-0807 |

①布濩 散布する。

　〇布濩

| 笠 | hu⁴ | ɤu³ | 胡誤切 | C11-0808 |

①糸を巻き取る器。糸巻車。

| 冱 | hu⁴ | ɤu³ | 胡誤切 | C11-0809 |

①寒さで凍ること。

柧　　hu⁴　　ɣu³　　胡誤切　　C11-0810

①門外の馬繋ぎ。

護　　hu⁴　　ɣu³　　胡誤切　　C11-0811

①空色の類。

韄　　hu⁴　　ɣu³　　胡誤切　　C11-0812

①刀の柄に巻いてある皮紐。

詡　　hu⁴　　ɣu³　　胡誤切　　C11-0813

①記す。②認める。

鱯　　hu⁴　　ɣu³　　胡誤切　　C11-0814

①魚名。

擭　　hu⁴　　ɣu³　　胡誤切　　C11-0815

①布擭　　分散。分裂。
○布擭

罟　　hu⁴　　ɣu³　　胡誤切　　C11-0816

①兎を捕らえる網。

芐　　hu⁴　　ɣu³　　胡誤切　　C11-0817

①草名。

訴　　su⁴　　su³　　桑故切　　C11-0901

①訴える。②誇る。③『説文』に「謭」に作る。告げる。

愬　　su⁴　　su³　　桑故切　　C11-0902

①讒言。『説文』に「訴」に同じ。

訴 su⁴　　su³　　桑故切　　C11-0903

①向う。肩を持つ。②『説文』は「訴」に同じ。

泝 su⁴　　su³　　桑故切　　C11-0904

①水が逆流すること。②『廣雅』に「泝斗　舟の中の水を搔い出す斗杓。」とある。

　○泝斗

遡 su⁴　　su³　　桑故切　　C11-0905

①『説文』に「泝」と同じ。

素 su⁴　　su³　　桑故切　　C11-0906

①『列子』に「太素は物が成り立つ元である。」とある。②又、から。（空）。③昔。④絹織物。　　『説文』に「䋺」に作る。白の細かい絹織物と厚い物。⑤又、虜の複姓。二氏あり。『後趙録』に「宜陽公素和明」がいる。⑥又、『後魏書』に「素黎氏、後に改めて黎氏となる。」とある。

傃 su⁴　　su³　　桑故切　　C11-0907

①向う。

嗉 su⁴　　su³　　桑故切　　C11-0908

①鳥の胃の上部にある砂嚢。俗にいう「えぶくろ」。

膆 su⁴　　su³　　桑故切　　c11-0909

①嗉に同じ。

㺑 su⁴　　su³　　桑故切　　C11-0910

①玉名。

塑 su⁴　　su³　　桑故切　　C11-0911

①塑像　　土偶。土人形を作る。『周公夢書』にある。
　○塑像

塐　　su⁴　　　　su³　　　桑故切　　C11-0912

①土で人形を作る。『古今奇字』にある。

謑　　su⁴　　　　su³　　　桑故切　　C11-0913

①諳謑　すっかり知っている。良く知っている。
　○諳謑

㺨　　su⁴　　　　su³　　　桑故切　　C11-0914

①白色。②亦、「素」に作る。

搔　　su⁴　　　　su³　　　桑故切　　C11-0915

①暗闇で物を取る。

祚　　zuo⁴　　　dzu³　　　昨誤切　　C11-1001

①幸い。②喜び。③天子の位。

胙　　zuo⁴　　　dzu³　　　昨誤切　　C11-1002

①祭祀の終りに撒いた酒肉など。

阼　　zuo⁴　　　dzu³　　　昨誤切　　C11-1003

①阼階　　賓客に接する時、主人が立つ東側の階段。
　○阼階

蘸　　zuo⁴　　　dzu³　　　昨誤切　　C11-1004

①魚の腹子などの塩漬け。魚子醬。

飵　　zuo⁴　　　dzu³　　　昨誤切　　C11-1005

①古人が会見した後、麦粥を勧めるのが、常礼であった。今日の茶を飲むのと同じ。

覷　　zu⁴　　　　dzu³　　　　昨誤切　　　C11-1006

①行く。

秨　　zuo⁴　　　dzu³　　　　昨誤切　　　C11-1007

①穀物が揺れ動く様。②又、音昨 [dzɔk⁴]

笯　　nu²　　　　nu³　　　　乃故切　　　C11-1101

①鳥籠。②又、音奴 [nu¹]

怒　　nu⁴　　　　nu³　　　　乃故切　　　C11-1102

①怒り。②又、音努 [nu²]

布　　bu⁴　　　　pu³　　　　博故切　　　C11-1201

①布帛　布と絹と。織物。②並べる。③『周禮』に「銭を広くゆきわたらせることを布といい、しまい込むのを泉という。」とある。④又、姓。『陶侃列傳』に「江夏布興」がいる。

圃　　pu³　　　　pu³　　　　博故切　　　C11-1202

①園圃　園、はたけ。『説文』に「野菜を植える畑を圃という」とある。②又、音補 [pu²]

○園圃

佈　　bu⁴　　　　pu³　　　　博故切　　　C11-1203

①ゆき亘る。

捕　　bu⁴　　　　pu³　　　　博故切　　　C11-1204

①撫でながら持つこと。

剬　　bu⁴　　　　pu³　　　　博故切　　　C11-1205

①裁ち刀。裁断刀。

蚹　bu⁴　　　pu³　　　博故切　　　C11-1206

①蚹螶蟲　虫名。蜆に似ているが有毒。
○蚹螶蟲

汙　wu¹　　　ɸu³　　　烏路切　　　C11-1301

①汚す。②『説文』に「不潔である」とある。③又、音烏 [ɸu¹]

惡　e⁴　　　ɸu³　　　烏路切　　　C11-1302

①憎悪　憎む。　②又、烏各切 [ɸɑk⁴]
○憎悪

噁　wu⁴　　　ɸu³　　　烏路切　　　C11-1303

①喑噁　怒る様。
○喑噁

誤　wu⁴　　　ɸu³　　　烏路切　　　C11-1304

①誹謗する。②『説文』に「誣」に作る。

怖　bu⁴　　　ɸu³　　　普故切　　　C11-1401

①恐れおののく。

悑　bu⁴　　　ɸu³　　　普故切　　　C11-1402

①怖に同じ。『説文』にある。

鋪　pu¹　　　ɸu³　　　普故切　　　C11-1403

①敷く。広げる。②又、普胡切 [ɸu¹]

誧　bu¹　　　ɸu³　　　普故切　　　C11-1404

①はかりごと。謀る。

痡　bu⁴　ｐu³　普故切　C11-1405

①痡瘏　病名。痛病。

○痡瘏

厝　cuo⁴　ts'u³　倉故切　C11-1501

①安置する。

措　cuo⁴　ts'u³　倉故切　C11-1502

①物を高く持ち上げる。②捨て措く。③『説文』に「癈置する。」とある。

醋　cu⁴　ts'u³　倉故切　C11-1503

①醬醋　酢。②『説文』に「酢」に作る。

○醬醋

錯　cuo⁴　ts'u³　倉故切　C11-1504

①金・銀線で象眼すること。②又、姓。宋の太宰の後裔。③又、千各切〔ts'ɑk⁴〕

漬　ze²　ts'u³　倉故切　C11-1505

①水を堰きとめる。堰堤。

絝　ku⁴　k'u³　苦故切　C11-1601

①『説文』に「脛衣」とある。ズボンの上にはくもので、ズボンのまちの部分がなく、両筒状の形のもの。履く筒状の上は三角になっており、そこに紐を通して吊り、止めて置く。太く大きな股の付け根まである靴下状のもの。

袴　ku⁴　k'u³　苦故切　C11-1602

①絝に同じ。

庫　　ku⁴　　　ku³　　　苦故切　　C11-1603

①物を蓄えて置く建物。②又、姓。『風俗通』に「古守庫大夫の後裔が官名を氏姓とした。後漢の輔義侯、庫鈞がいる。」とある。③亦、虜の複姓。二氏あり。周に少師庫狄峙あり。又、庫門氏あり。④亦、虜の三字姓。『前燕録』に「岷山桓公庫傉官泥」がある。

胯　　kua⁴　　　ku³　　　苦故切　　C11-1604

①股。「韓信胯下より出る。」韓信の胯くぐり。

韭酉　　ku⁴　　　ku³　　　苦故切　　C11-1605

①酢漬けの韮。

苦　　ku⁴　　　ku³　　　苦故切　　C11-1606

①苦しむ。ひどい。度が過ぎる。今の人がいう苦車である。（病気がひどくなるとのせる車）

跨　　kua⁴　　　ku³　　　苦故切　　C11-1607

①蹲る。

捕　　bu³　　　bu³　　　薄故切　　C11-1701

①捕らえる。

哺　　bu³　　　bu³　　　薄故切　　C11-1702

①口の中に食物があること。

步　　bu⁴　　　bu³　　　薄故切　　C11-1703

①行步　歩き行く。『爾雅』に「堂の下を行く時の歩きを歩という。」とある。②『白虎通』に「人の歩幅は三尺、天・地・人の三位に適っている。二度足を挙げて歩くことを歩という。これは陰と陽を備えている。」という。③又、姓。『左傳』に「晉に步楊がいる。食物を步（水際）で采ったので、後にこれを氏姓とした。」とある。④又、虜の三字姓。三氏あり。『後魏書』に「步六孤氏、後に改めて陸氏となる。又、西方に步鹿根氏あり。後に改めて步氏とした。」とある。⑤『北齊書』に「步大汗氏」がある。

| 鞴 | bu⁴ | bu³ | 薄故切 | C11-1704 |

①鞴䩨　うつぼ。矢を盛って、腰に背負う用具。中空の笥。
○鞴䩨

| 餔 | bu⁴ | bu³ | 薄故切 | C11-1705 |

①餶餔　蒸し菓子。②又、䊇に作る。
①餶餔

| 鮬 | ku¹ | bu³ | 薄故切 | C11-1706 |

①魚名。

| 駇 | bu⁴ | bu³ | 薄故切 | C11-1707 |

①駇馬　馬をゆっくり歩かせる。調べるに、『左傳』に「左師夫人の馬を歩かせるを見る。」の「歩」は「馬」扁がない。

| 艀 | bu⁴ | bu³ | 薄故切 | C11-1708 |

①小舟。長さは短く吃水線が深い。

| 踄 | bu⁴ | bu³ | 薄故切 | C11-1709 |

①亭名。

| 鶏 | bu⁴ | bu³ | 薄故切 | C11-1710 |

①鶏䳏　鳥名。鳩。
○鶏䳏

| 瘄 | bu⁴ | bu³ | 薄故切 | C11-1711 |

①瘄瘧　病名。痛病。②又、音怖［ƥu³］
○瘄瘧

| 莩 | bu⁴ | bu³ | 薄故切 | C11-1712 |

①牛馬に食わせる草。『説文』に「乱藁」とある。

駂　　bu⁴　　　　　　bu³　　　　　　薄故切　　　　C11-1713
　①馬名。

謼　　hu¹　　　　　　χu³　　　　　　荒故切　　　　C11-1801
　①號謼　大声で叫ぶ。②亦、呼に作る。③又、火姑切［χu¹］
○號謼

戽　　hu⁴　　　　　　χu³　　　　　　荒故切　　　　C11-1802
　①戽斗　取水灌漑用の農具。
○戽斗

作　　zuo⁴　　　　　tsu³　　　　　臧祚切　　　　C11-1901
　①造る。

あとがき

宋本　廣韻全譯　第３分冊（遇攝）が出来た。第２分冊（止攝）を上梓したのが、１９９９・９・３０であったから、今回は約半年余りかかったことになる。字数は止攝に比して約１０００字程少ない。頁数で約７０頁少ない。従って工作時間も可成り節約出来たことになる。しかし、一字一語づつ当たって行くうちに、活字としての廣韻本文の字形に惹かれることが多くなった。版木として作られた芸術作品の様に思われてくるのである。今日、電子製版が容易になって、短時間の内に版ができるのとでは、雲泥の違いがある時代に一字づつ、あの所謂"宋朝体"と呼ばれるシャープにしてスマートな字体を彫槧したのである。全体として均一性を保ちつつ、大小・高低・縦横などすべてにバランス良く槧っているのである。そんなことをあれこれ想像していると、本来の仕事をつい忘れて板木製作に思いを馳せるのである。字体そのものの巧拙は殆ど無いと言っていいくらい、調和を保ちつつ、均一なのである。しかも、自己の仕事に対する責任を明確にすべく、製板者は自己の名前を当該版葉の真ん中の下に槧しているのである。そこには版木製作についての誇りさえ感じられるのである。本書に使用している廣韻は凡例の冒頭に記したように、「澤存堂蔵板・張氏重刊・宋本廣韻」である。勿論、原板による廣韻ではなく、重刊・覆刻本ではあるが、宋槧本に近い形に作られているものと思われる。嘗て、沈兼士氏が『廣韻聲系』の中に廣韻版本のサンプルとして、詳・略本の廣韻の１頁を影印、載せた。そこには明版・元版・宋版と対比してあったが、これを比べて見ても、宋版が他の時代版といかに懸け離れて立派なものであるかが判る。文化の下積みになって、日の当らぬ場所で文化の華を支えてきたかが、よく解るのである。
澤存堂版５５４頁、板数にして２２７板の廣韻本文の板が作られたのであろうが、その製版者の氏姓が闕名板を含めて、延べ１８２名にのぼる。勿論、延べ数であるから重複がある。この数はその個人の製板に携わった回数の多さをしめしているのである。最少２板、即ち見開き１板の者４名、最多２８板、見開き１４板の者２名が記録されている。参考までに多数者上位１０名を誌すと
○沈思恭　２８、○金滋　２８、○方至　２４、○宋琚　２４、○沈思忠　２４、○劉昭　２４、○陳晃　２２、○呉志　２０、○陸遜　２０、○秦顕　２０
闕名部分は黒く潰されているので、誰であるかを特定できない。しかし、その板数は延４３板、見開き２１．５板に当る。しかもそれは「序」の部分３板と後はすべて入声韻（錫韻後半より職・徳・緝・合・盍・葉・怗・洽の各韻）、廣韻最後の部分だけなのである。何か事情があって、削名したのであろうが、字体は有記名の部分と均一性が保たれているのを見るにつけても、不思議な箇処ではある。又、板数

の多い者の中に同姓者がいて、製板上ペアを組んで製板していたと思われる節が感じられるのである。例えば沈思忠と沈思恭の２名は、大半をペアで製版している。名前からして思忠と思恭であるから、或いは兄弟であるかもしれない。こうやって、傍見をしながらでも『廣韻』そのものの姿が多角的に捕えられるのである。

　本冊の編修員
　本間直人　　新井宏司　　上野洋子　太田智章　藤田洋子　吉田　功　坂井健一

　　　２０００・４・３０
　　　　　　　　　　　　　　　　　　　　　坂　井　健　一　記

宋本　廣韻全譯　第三分冊

2000年5月　発行

編　者　　坂　井　健　一
発行者　　石　坂　叡　志
印刷所　　モリモト印刷

発　行　　汲　古　書　院
〒102-0072　東京都千代田区飯田橋2—5—4
電話 03(3265)9764　ＦＡＸ 03(3222)1845

ISBN4-7629-9528-2　C3387　Ⓒ2000